비즈니스 매너와
글로벌 에티켓

BUSINESS MANNER & GLOBAL ETIQUETTE

비즈니스 매너와
글로벌 에티켓

BUSINESS MANNER & GLOBAL ETIQUETTE

성공적인 취업과 직장예절의 열쇠

비즈니스 매너와
글로벌 에티켓

머리말

　'매너가 곧 경쟁력'이라는 말이 함축하듯이 현대인
들에게 비즈니스 매너와 에티켓은 필수불가결한 요소
이다. 특히 성공적인 취업을 준비하는 취업준비생들과
직장생활을 시작하는 사회 초년생들은 직종에 상관없
이 세련된 매너와 에티켓을 갖추는 것이 매우 중요하
다고 할 수 있다.

　본 교재는 직장에서뿐만 아니라 일상생활에서도 알
아야 할 기본 매너와 다양한 문화의 글로벌 에티켓을
소개하고 그것을 행동으로 옮길 수 있는 실전 스킬을
학습할 수 있게 준비하였다.

　전반부에서 비즈니스 매너란 무엇인가를 비롯하여
신뢰받는 전문가로 연출할 수 있는 이미지메이킹 방법
을 다뤘다. 또한 매너의 기본이 되는 인사예절과 용모
와 복장 등의 내용을 사례와 함께 심도있게 다루었다.

　중반부에서는 전반부에서 다뤘던 내용들을 직장 내
비즈니스 상황에서 구체적인 방법을 다양한 사례와 사
진으로 제시하여 실전 스킬을 익힐 수 있도록 하여 실

제 직장생활에서 활용할 수 있도록 하였다.

후반부에서는 글로벌 시대에 걸맞는 매너와 에티켓을 배울 수 있는 내용을 소개하여 이문화 커뮤니케이션과 타문화에 대한 이해의 폭을 넓힐 수 있도록 하였으며 다양한 사례를 통해 실제 생활에서 활용할 수 있는 스킬을 습득하는 데 주안점을 두었다.

마지막으로 앞으로의 평생직업을 준비하는 이들에게 나침판의 역할을 하여 자신의 길을 한 걸음씩 내딛을 수 있도록 취업 전략 소개와 함께 면접 준비 실전 내용을 실었다.

아울러 본 교재의 출판을 허락해주신 한올출판사 임순재 사장님과 직원분들께 깊은 감사를 드린다.

오정주 · 권인아

성공적인 취업과 직장예절의 열쇠

비즈니스 매너와 글로벌 에티켓

CONTENTS

BUSINESS MANNER

GLOBAL ETIQUETTE

비즈니스 매너의 이해

비즈니스 매너의 중요성

"매너는 곧 인격이다."라는 말이 있다. 이는 매너가 그 사람의 됨됨이와 가치를 평가하는 커다란 기준이 된다는 뜻이다. 우리의 모든 행동은 태도를 반영하며 태도를 반영하며 이 태도는 우리 삶의 질을 결정짓는 중요한 요소가 된다.

비즈니스 매너란 이처럼 우리 삶의 성공과 뗄 수 없는 관계를 갖고 있는 것으로, 타인에게 신뢰감을 줄 수 있는 일종의 '약속'이라고 볼 수 있다.

성공적인 비즈니스 관계는 인간적인 접촉에서 시작되며 친절한 태도, 예의바른 마음, 배려와 서비스 등은 비즈니스에 필수적이라 할 수 있다. 결국 비즈니스의 승패 여부는 올바른 매너 지식을 갖추고 그것을 올바르게 실행하느냐에 달렸다.

좋은 인간관계는 상대에게 호감을 주는 것에서 시작된다. 하지만 사회생활을 하면서 만나게 되는 많은 사람들이 매너의 중요성을 깨닫지 못하고 형식적인 응대로 깊은 신뢰를 갖지 못하게 되는 경우가 많다.

신뢰관계가 비즈니스 세계의 생명인 만큼 조직의 일환인 직원 개개인이 세련된 매너와 에티켓을 실천하여 회사의 이미지도 함께 올라가는 긍정적인 효과가 생긴다면 얼마나 좋을까? 나로 인해 회사가 좋은 이미지를 갖게 되고 나 또한 그로 인해 더욱 가치 있는 조직원이 되는 것, 이 얼마나 즐거운 일인가?

그럼 지금부터 "매너가 경쟁력"이라는 생각으로 사소하게 지나쳤던 매너와 에티켓의 모든 것을 알아보도록 하자.

② 매너와 에티켓

일상생활을 하면서 매너라는 말을 참 많이 사용하지만 막상 매너와 에티켓이 어떻게 다른지 정확하게 알고 있는 사람은 생각보다 많지 않다. 하지만 그 차이는 분명히 존재한다. 사소한 차이가 명품을 만든다는 이야기처럼 매너와 에티켓의 생활화로 매력 있는 비즈니스맨으로 거듭나보자.

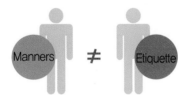

1) 매너

매너manner를 사전에서 찾아보면 방법, 태도라고 명시되어 있고 복수로는 '예의범절'이라고 되어 있다. 쉽게 말해서 매너는 사람마다 갖고 있는 독특한 습관, 몸가짐으로 볼 수 있다. 매너의 기본 개념은 상대를 존중해 주는 데 있으며, 이는 상대방에게 불편이나 폐를 끼치지 않고 편하게 대하는 것을 뜻한다. 곧 상대를 배려하는 진실한 마음가짐이 매너의 기본이라고 할 수 있다.

흔하게 '매너'라고 하면 부담스럽다고 생각하는 사람이 많이 있는데 서로의 존재를 인정하고 문화에 대한 이해를 기본으로 진심을 전한다면 매너는 우리의 일상이 될 수 있을 것이다. 사회생활을 하면서 우리는 많은 사람들과 관계를 맺으며 살아간다. 사소한 행동, 말 한마디에도 상대를 배려하는 마음을 담아 전달하게 되면 이는 곧 바람직한 관계 형성의 토대가 된다.

그럼 쉽게 예를 들어보자.

꽉 막힌 도로에서 지루하게 운전을 하고 있는 상황.

사이렌을 울리며 앰뷸런스가 달려갈 때 대부분의 사람들은 서둘러 앰뷸런스가 지나갈 수 있도록 배려해주며 차량을 이동한다.

그런데 이에 아랑곳 하지 않고 자신의 갈 길을 차선을 정확히 지켜가며 일관성을 유지한 채 운전하는 차가 있다.

이 사람이 법을 위반했는가?

그렇지는 않다. 다만, 이럴 때 우리는 "사람이 참 매너가 없다."라고 이야기한다.

'매너'의 사전적 정의에서도 볼 수 있듯이, 매너란 일상생활에서의 예의를 말하는 것으로서 "누구나 지키는 당연한 도리 + 진심어린 배려"라고 볼 수 있다.

하지만 흔히 쓰는 매너리즘이라는 말은 매너가 갖고 있는 좋은 뜻과는 달리 생활 속에서 개인의 행동패턴이 굳어진 것으로서 긴장감을 잃고 무사안일주의에 빠진 것을 뜻한다.

잘 비교해서 쓰도록 하자.

여기서 잠깐

우리가 종종 쓰게 되는 매너리즘에 대한 이야기를 해 보면,
매너Manner와 매너리즘Mannerism은 언뜻 보면 매우 비슷해 보이지만 전혀 다른 뜻을 가지고 있다.

• 매너 : 행동하는 방식이나 자세 혹은 일상생활에서 일어나는 일에 대한 예의와 절차
• 매너리즘 : 항상 틀에 박힌 일정한 방식이나 태도를 취함으로써 독창성을 잃는 일

2) 에티켓

영어에서의 에티켓etiquette은 어원이 'Estipuier'나무 말뚝에 붙인 출입 금지라는 단어에서 왔으며 예절, 예법, 동업자 간의 불문율이란 뜻을 가지고 있다.

어원을 구체적으로 보면 이는 베르사유 궁전을 보호하기 위해 궁전 주위의 화원에 말뚝을 박아 행동이 나쁜 사람이 화원에 들어가지 못하게 표시를 붙여 놓은 것에서 시작되었다고 한다. 그 이후로는 단순히 '화원 출입금지'의 뜻뿐만 아니라 상대방의 '마음의 화원' 또한 보호해 준다는 의미로 넓게 해석하여 '예절'이란 의미로 자리 잡게 되었다.

이것이 오늘날 널리 사용되고 있는 에티켓의 유래라고 볼 수 있다.

정리해 보자면 에티켓은 사회의 질서를 지키고 유지하기 위해 발전해 온 것으로 이러한 배경적인 역사가 오늘날 널리 사용되고 있는 에티켓의 유래라고 볼 수 있다.

매너와 에티켓Etiquette에 대해 의미를 구분할 때 에티켓은 사람들 사이

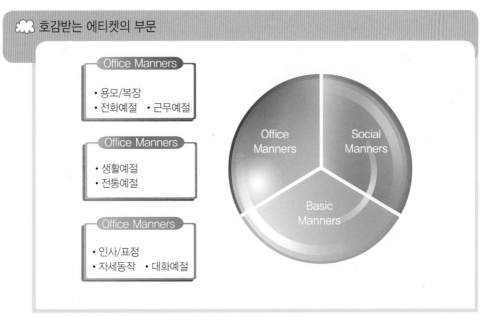

호감받는 에티켓의 부문

Office Manners
• 용모/복장
• 전화예절 • 근무예절

Office Manners
• 생활예절
• 전통예절

Office Manners
• 인사/표정
• 자세동작 • 대화예절

Office Manners
Social Manners
Basic Manners

자료 : 한국능률협회[인재개발 패러다임의 변화와 정보혁명시대의 신인재육성전략](1997), p.218.

의 합리적인 행동기준을 말할 때 사용되었으며, 이러한 에티켓을 바탕으로 행동으로 나타내는 것을 매너Manner라고 한다. 결국 비즈니스 에티켓이란 주어진 상황에 적절히 행동하고, 주위 사람과 올바르게 교류함으로써 최상의 호감가는 이미지를 구축하는 출발점이 된다.

일반적으로 매너는 '좋다', '나쁘다'로 표현을 하는 반면, 에티켓은 '있다', '없다'로 표현을 한다.

3) 매너와 에티켓의 차이점

에티켓	매 너
행동기준	행동으로 나타내는 방법
'나 자신'에 관심	'상대방'에 관심
'있다, 없다'의 유무로 구분	'좋다, 나쁘다'로 구분
형식form	방식way
화장실에서 노크를 하는 행동 자체	상대를 배려해서 조심스레 노크하는 것

③ 매너의 기능

1) 자기관리의 기능

바람직한 매너를 갖추기 위해 말, 행동, 태도와 표정을 정돈함으로써 자신을 보다 매력적으로 관리할 수 있다.

2) 인간관계 강화기능

상대를 존중하는 진심어린 마음으로 바른 매너를 실천하게 되면 상대방은 편안한 마음과 나에 대한 호감을 갖게 된다.

3) 비즈니스 관계 강화기능

바람직한 매너는 상호 신뢰를 형성하기 때문에 보다 성공적인 비즈니스를 위해 필수적인 요소라고 할 수 있다. 좋은 매너를 통해 상대를 기분 좋게 만들고 그러한 호감의 관계 속에서 더욱 활발한 비즈니스 관계가 성장하게 된다.

예와 매너의 비교

1) 예의 본질

(1) 예의 내용으로서의 인仁, 인仁의 형식으로서의 예

인이 없는 예는 허례虛禮, 예가 없는 인은 비례非禮

(2) 내면적 도덕성과 외면적 사회규범

1 인仁은 인간이 인간다울 수 있는, 그리고 좋은 인간관계를 형성할 수 있는 내면적인 것, 혹은 내면적 도덕성이라고 볼 수 있는 것이다.

2 예禮는 인을 구체적으로 실천하는 방식으로 외면적인 것이다. 인간이 올바른 삶을 구현하기 위해 외면적으로 형식이 갖추어져 있는 그러한 것을 규범이라고 할 때, 예는 외면적 사회규범이 된다.

2) 윤리적 상호 보완적 관계

내면적 도덕성인 인仁은 외면적 예禮로 실현되어야 하며, 외면적인 예禮는 그 내면의 도덕성인 인仁을 반영해야 한다. 정리하자면 다음과 같다.

예禮	인仁
인의 구체적인 실천	예의 실천을 위한 근거
인의 드러나는 형식	예의 내용
외면적 규범	내면적 도덕성
인을 반영한 것	예로 실현됨

3) 매너의 본질

매너는 수평적 인간관계의 원활화를 기하기 위한 상호 존중의 차원에서의 예의를 강조한다. 상호 존중은 '타인의 이익 고려'라는 원칙하에서 가능하다. 이 원칙은 서구인들의 의식을 지배해 온 기독교의 황금률에서 유래한다. 기독교 윤리의 근본원리인 '황금률golden rule'은 "남에게 대접받고자 하는 대로 너희도 남에게 대접하라마 7:12, 눅 6:31."는 예수의 가르침에서 온 것이다.

4) 예와 매너의 비교

예한국 전통	매 너
유교적 가치, 자연의 이법에 바탕을 둠	기독교적 가치
학문의 한 분야周, 조선 예학시대 16C말~17C	상식적 차원
신을 섬겨 복을 받는 하나의 종교행위에서	의식 절차에서 유래
존재의 법칙짐승과 구분, 당위의 법칙	상류층의 전유물
가족주의	개인주의에 기초한 시민정신 함양
옳음에 대한 적극적 제기-자치규약 발달향약	강제성-법이 발달
이理를 체體로 삼고 이[履(踐)]을 용用으로 – 예는 이理를 회복하는 방법	매너는 상류사회, 지성인의 외적 표현
후세를 통한 내세관	개인의 선행을 통한 영생
자녀교육 중시-여성의 역할 강조	자유주의 교육
삼분법적 사유하늘과 땅과 사람-사람 중심	이분법적 사유선과 악, 신 중심
나-가정-사회-이웃-국가확산적 윤리	사회생활수평적 윤리
효근본덕목	타인의 이익 고려근본덕목

참고 : http://blog.naver.com/yom1975/140045049344

비즈니스맨의
　　　　　긍정적인 자기 연출법

어떤 행동을 하기 이전에, 자신의 행동을 먼저 돌아보는 습관을 갖는다. 매너는 남에게 보이는 모습으로 평가되기 때문에 자신의 행동이나 매너가 성공의 문을 열어줄 수도 있고 닫히게 할 수도 있다는 것을 꼭 염두에 두고 매순간의 행동에 신중을 기하도록 한다.

1) 먼저 자신의 일에 자부심을 가져라.

성공 비즈니스맨의 1원칙은 자신이 하는 일에 자신감과 자부심을 갖고 임해야 한다는 것이다. 하루에 1/3 이상의 시간을 일하는 직장생활에서 자신이 맡은 일에 대한 애정과 업무에 대한 자신감이 자신의 삶의 질을 높여 준다는 것을 명심한다.

2) "나는 내가 참 좋다!"라는 긍정의 자아존중감을 가져라.

자존감이란 자신을 어떻게 평가하느냐로, '자신의 능력, 중요성, 성공 가능성, 가치에 대해 스스로 믿는 정도'를 의미한다. 관계 속에서 자존감은 보다 나은 관계를 위한 중요한 밑거름이 된다. 타인에게 인정받기 이전에 내가 나를 인정하는 것이 건강한 관계를 위한 Secret Key이다.

3) 올바른 직장인의 마음가짐을 갖는다.

사회라는 울타리 안에서 타인에게 폐를 끼치지 않으려는 마음을 갖고, 호감을 주도록 노력하며, 타인을 존경하는 마음가짐을 기본 바탕으로 행동해야 한다. 또한 내가 조직의 대표자라는 생각으로 회사의 이미지를 위해 자신을 관리하며, 조직에 기여한다는 목적성을 갖고 매일의 일과에 책임감을 갖고 임한다.

4) 단정한 용모와 복장의 중요성

첫인상을 결정하는 결정적인 역할에 외모가 얼마나 중요한 역할을 하는지 알고 있는가? 외모는 그 사람의 품성을 제일 먼저 판단하게 되는 요소의 하나이다. "마음이 중요하지 외모는 껍데기에 불과할 뿐이야."라고 이야기하지만, 실제로 타인을 평가하는 데 있어서 외모는 상대의 음성정보와 더불어 가장 큰 영향력을 미친다.

자신이 사랑받을 만한 가치가 있는 소중한 존재이고 어떤 성과를 이루어 낼 만한 유능한 사람이라고 믿는 마음이다. 이는 객관적이고 중립적인 기준이 아닌 사적인 판단이다. 간단히 자존감이라고도 부른다. 이 용어는 미국의 의사이자 철학자인 윌리엄 제임스가 1890년대에 처음 사용하였다. 이 개념은 자존심과 혼동되어 쓰이는 경우가 있다. 둘은 자신에 대한 긍정이라는 공통점이 있지만 세부적으로는 있는 그대로의 모습에 대한 긍정과 경쟁 속에서의 긍정이라는 다른 의미를 지니고 있다.

출처 : 위키백과

자아존중감
(自我尊重感,
self-esteem)

6 성공하는 서비스 비즈니스맨의 4가지 습관

직장에서 성공했다고 평가할 수 있는 기준은 무엇일까? 그것은 바로 직장에서 자신의 능력을 인정받아서 다른 사람보다 승진을 빨리 하거나 연봉을 많이 받은 것 또는 중요한 부서에서 일하는 것, 앞길이 보장이 된 것 등일 것이다. 동료나 상사를 보면 '성공하는 사람'은 반드시 이유가 있다. '직장에서 무조건 성공할 수밖에 없는 직장인의 습관'에 대해서 정리해 보면 다음과 같다.

❶ **서비스 정신**Service Mind   상대방을 진심으로 배려하며 모든 상황에 최선을 다하려는 마음자세를 말한다.

❷ **이해심**Understanding   자신 이외의 모든 사람과 좋은 관계를 유지하기 위해서는 자신과 상대방에 대한 완벽한 이해가 있어야 한다. 나와 다른 상대에 대해 '틀렸다wrong'가 아니라, '다르다different'라는 마음가짐으로 출발할 때 우리는 더욱 조화로운 관계를 만들어 나갈 수 있다.

❸ **자신감**Self-Confidence   자신이 맡은 업무에 대한 자신감이 넘쳐야 한다. 그러기 위해서는 기본적으로 실력이 밑바탕이 되어야 하고 사소한 업무의 성공은 더 큰 자신감을 갖게 해 준다. 자신에 대한 믿음으로 타인과의 관계에서도 아름다운 꽃을 피워보자.

❹ **즐거움**Enjoy   "아무리 열심히 하는 사람도 즐기는 사람을 이길 수는 없다."라는 말이 있듯이 자신의 일을 즐길 줄 아는 사람은 비즈니스 세계에서 이미 승자나 다름 없다.

⑦ 성공하는 서비스
비즈니스맨의 5가지 특징

① 성실함, 열정, 그리고 책임감

아무리 능력이 출중하고 뛰어난 자질을 보유했다 하더라도 '성실함'이 없다면 직장에서 결코 큰 인정을 받을 수가 없다. 꾸준한 성실함은 조직 내에서 인정받는 가장 중요한 평가지표가 된다. 이러한 성실함은 타고난 자신의 재능, 혹은 후천적으로 다듬어진 능력과 합쳐졌을 때 더욱 큰 시너지 효과를 발휘한다.

또한 뛰어난 인재는 '책임감'이 강하다. 오늘의 할 일을 내일로 미루지 않으며 자신의 일을 다른 사람에게 떠넘기지 않는 사람, 아무리 사소한 부분이라도 기대 이상의 특별한 결과물을 내놓기 위해 자신의 모든 '열정'을 쏟아 붓는 사람이다.

성실함과, 열정, 책임감이라는 세 가지 열쇠를 갖고 있는 사람은 성공 비즈니스로 가는 열차를 이미 탄 것이나 다름 없다.

❷ 자신의 분야에서 탁월한 능력

'20-80의 법칙'이라는 것이 있다.

성과의 80%는 상위 20%의 인재가 낸다는 것인데, 조직을 이끌어갈 만한 탁월한 능력이 있는 두뇌집단들이 바로 상위 20%에 해당한다.

이들은 최고 경영자를 보필하여 끊임없이 새로운 아이디어를 내고 조직이 시대의 흐름에 발맞추어 가거나 앞서 나갈 수 있도록 발전을 이끄는 견인차 역할을 한다. 성공한 사람들을 보면 하나같이 자신의 분야에서 뛰어난 사람들로, 이들은 조직 내에서도 핵심인재로 자리잡게 된다.

출처 : http://blog.naver.com/
irisinrain/120089737355

이탈리아의 경제학자이자 사회학자인 빌프레도 파레토(Vilfredo Pareto, 1848~1923)가 이탈리아 인구의 20%가 국가 전체 부(富)의 80%를 보유하고 있음을 발견한 것을 토대로 하여 생성된 경험법칙으로, 루마니아 출신의 경영 컨설턴트인 조지프 주란(Joseph Moses Juran, 1904~2008)이 일반화했다. 조지프 주란은 20%의 주요 문제를 해결하면 나머지 80%는 저절로 해결된다는 '주요한 소수와 사소한 다수the vital few and the trivial many'라는 주장을 펼쳤다.

여러 통계자료를 분석한 결과 대략적으로 이 법칙이 사회에 적용되는 예를 몇 가지 들면 '20%의 고객이 백화점 전체 매출의 80% 차지', '20%의 기업구성원이 전체 업무의 80% 수행', '20%의 기업 핵심제품이 기업 전체 매출의 80% 차지', '20%의 범죄자가 전체 범죄자의 80%를 차지', '20%의 옷이 평소 즐겨 입는 옷의 80%에 해당' 등이 있다. 20-80 법칙을 가장 많이 활용하는 것은 마케팅 분야로, 매출의 대부분을 차지하는 상위의 소수 소비자들을 공략하는 것을 예로 들 수 있다.

출처 : [네이버 지식백과] 20-80 법칙(두산백과)

20-80 법칙
또는 파레토법칙
(Pareto principle)

❸ 멈추지 않는 자기계발

뛰어난 사람은 현재의 자신의 모습에 안주하지 않는다. 끊임없이 배우고자 하는 욕구로 자신의 삶을 발전시켜 나간다. 시대를 꿰뚫는 안목을 가지고 회사의 미래를 예측하고 거기에 자신이 적절하게 대응해 나갈 수 있도록 필요한 부분을 꾸준히 준비해 나감으로써 조직 내 핵심 인재가 되고 자신의 삶에 있어서도 지속적인 발전을 이루어 나간다.

그러한 끊임없는 준비는 언제 어디서든 회사에서 필요로 하는 "only one" 인재가 되게 한다.

❹ 오픈 마인드

하루가 다르게 변화하는 세상 속에서 도태되지 않고 살아가려면 다른 것을 빠르게 받아들이는 열린 마음이 중요하다. 만약에 새로운 상황과 타인의 의견을 받아들이지 않고 자신이 갖고 있는 선입견 속에 갇혀 산다면 남보다 한발 앞선 발전은 어려운 일이 될 것이다. 자신의 성장을 위해 끊임없이 노력하지만 새로운 것을 받아들이는 데 있어서 주저함이 없는 오픈 마인드는 창의적인 조직문화를 위해서도 중요한 점이라는 것을 잊지 않도록 한다.

❺ 성공의 Best Key – 좋은 인간관계

직장생활 성공요인 중 빼놓을 수 없는 것 중의 하나가 바로 '좋은 인간관계'이다. 실력과 인성을 다 갖춘 인재는 어디에서나 인정받는다. 타인과 관계맺음에 있어서 매너와 에티켓의 기본을 지키고 동료를 돕고 서로 성장하여 조직의 시너지를 내는 데 앞장서야 할 것이다.

또한 자질이 뛰어난 동료는 후일에 나의 성공을 이끌어 줄 수도 있다. 신뢰로 다져진 인간관계와 좋은 인맥은 때때로 실력 이상의 큰 힘이 되기도 한다. 따라서 사람들과 좋은 관계를 유지하는 것은 물론 내 스스로도 다른 사람이 함께하고 싶은 뛰어난 자질을 가질 수 있도록 끊임없이 노력해야 할 것이다.

당신의 비즈니스 매너, 테스트해 보세요

※ 다음 제시한 각 상황이 일반적인 관점에서 비즈니스 매너에 맞으면 ○, 문제가 있다면 ×표 하세요.

 문제

❶ 아침에 만난 상사를 또 복도에서 마주쳤다. 아까 인사를 했으니까 시선을 피하고 그냥 지나친다. ( )

❷ 회사를 방문한 손님과 계단을 오르내릴 때는 항상 손님이 높은 위치에 서게 한다. ( )

❸ 외국인 바이어와 악수를 하면서 한국식으로 허리를 굽혔다. ( )

❹ 오랜만에 뵌 상사에게 반가운 마음에 악수를 청했다. ( )

❺ 자동차를 탈 때는 상사가 먼저 탄다. ( )

 정답과 설명

❶ × (당일 처음 볼 때는 정중하게, 다시 만날 때는 가볍게 인사한다. 이미 인사를 한 상사나 동료와 여러 번 마주치거나 업무 중에 눈을 마주쳤을 때는 가볍게 목례를 한다.)

❷ ○ (맞다. 쉽게 이야기 하자면 손님보다 위에 있지 않는 것이다. 하지만 손님이 치마를 입었을 때는 반대다. 손님과 복도를 걸을 때는 손님이 복도 중앙으로 걷고, 자신은 벽 쪽에 붙는다.)

❸ × (우리나라에서는 악수를 할 때 가볍게 절을 하지만 서양인들은 허리를 세우고 악수한다.)

❹ × (악수를 청하는 것도 순서가 있다. 보통 윗사람이 아랫사람에게, 여성이 남성에게 청하는 게 순서다. 반가움을 표현하기 위해 손을 세게 잡거나 지나치게 흔들지 말자.)

❺ ○ (아랫사람은 상사의 승차를 도운 뒤 반대편 문으로 마지막에 탄다. 단 도중에 내리는 사람이 있으면 타는 순서를 바꾼다. 열차나 비행기도 마찬가지다. 아랫사람은 항상 나중에 타고 먼저 내린다.)

자료: 유진그룹 「비즈니스 매너 가이드」

1. 사람마다 갖고 있는 독특한 습관, 몸가짐을 무엇이라고 하는가?

2. 호감받는 에티켓 중 오피스 매너는 크게 3가지로 나뉜다.
   어떤 것인가?

3. 화장실에서 노크를 하는 행동 자체는 매너인가 에티켓인가?

4. 매너의 3가지 기능 중 "상대를 존중하는 진심어린 마음으로
   바른 매너를 실천하게 되면 상대방은 편안한 마음과 나에 대한 호감을 갖게
   된다"는 것은 어떤 기능에 해당하는가?

5. 매너의 본질에서 상호 존중은 어떤 원칙 하에서 가능한가?

MEMO

BUSINESS MANNER

GLOBAL ETIQUETTE

이미지메이킹

① 첫인상의 의의

1) 첫인상의 중요성

첫인상이란 처음 대면하는 짧은 시간에 상대방에 대한 평가와 결론을 내리는 것을 일컫는다. 일하는 과정에서 사람과의 만남은 참으로도 어렵고 중요한 일이다. 그렇다고 해서 생략하거나 안할 수는 없는 노릇이다. 이왕 해야 하는 거라면 잘해야 하지 않겠는가!

인간관계에서 가장 중요한 것이 무엇인지 떠올려 본다면 그것은 바로 첫인상이다. 현대를 살아가는 모든 사람이라면 첫인상이 얼마나 중요한지 알 것이다. 이는 첫인상이 직장이나 일상생활에서 인간관계의 형성을 비롯해 상당부분 영향을 미치기 때문이다. 또한 첫인상은 상대방에게 오랫동안 각인된다. 한번 인식된 첫인상은 좀처럼 바꾸기 어렵다.

사람의 진가는 오랜 대화를 통해 여러 가지를 복합적으로 판단하며

초두효과
(Primacy Effect)

먼저 제시된 정보가 나중에 들어온 정보보다 전반적인 인상 현상에 더욱 강력한 영향을 미치는 것

알게 된다. 하지만 첫인상이 좋아야 이후의 만남에서 호감을 살 수 있고 지속적인 인간관계가 원활히 이루어진다. 반대로 첫인상이 좋지 못하면 무관심하게 되고 자기표현을 할 수 있는 기회를 잃게 되면서 만남은 더 이상 이루어지지 않게 된다.

2) 첫인상의 결정 요소

1. **외모**　첫인상을 형성하는 가장 큰 요인으로 시간적인 부분인 얼굴표정, 바디랭귀지와 같은 상대방을 대하는 태도, 개인의 개성을 보여주는 패션과 헤어, 메이크업 등이 있다. 외모도 실력이라는 말이 있는데 여기서 외모는 인공적인 아름다움을 넘어 선 '호감가는' 외모를 말한다.

2. **목소리**　개인의 음성으로 말할 때의 억양과 말의 속도, 톤의 높낮이를 말한다. 지나친 사투리 억양은 신뢰감이 없어 보일 수 있으므로 공적인 자리에서는 표준어를 쓰도록 한다. 말의 속도가 너무 빠를 경우 성급해보일 수 있으므로 상대방을 고려해 조절하며 목소리 톤이 너무 높을 경우 가벼워 보일 수 있으므로 중간톤을 유지한다.

3. **대화**　자기 내면의 인격을 보여줄 수 있는 것이 바로 대화이다. 대화하는 중에 겸손하고 상대방을 배려하는 매너를 보여준다면 좋은 첫인상을 받을 수 있다.

처음이 좋지 않더라도, 반복해서 제시되는 행동이나 태도가 진지하고 솔직하면 점차 좋은 쪽으로 바뀌는 현상

빈발효과
(Frequency Effect)

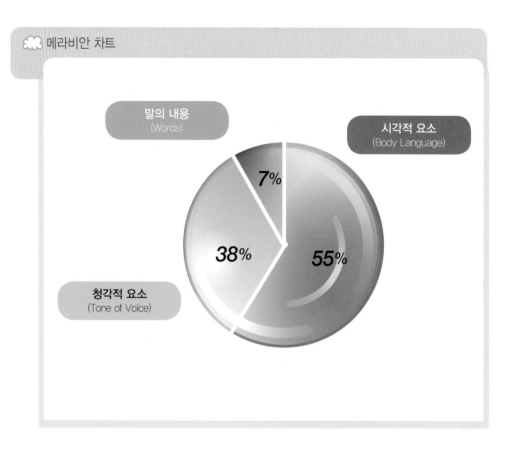

메라비안 차트

말의 내용
(Words)

시각적 요소
(Body Language)

7%

38%

55%

청각적 요소
(Tone of Voice)

어떤 상황에서든 첫인상을 결정하는 시간은 몇 초 이내에 판가름난다. 첫눈에 반했다는 말이 있듯이, 이성과 사랑에 빠지는 시간은 3초도 채 안 걸린다고 한다. 이렇듯 첫인상은 짧은 시간 안에 확실한 영향을 미쳐야 한다. 이토록 중요한 첫인상으로 상대방에게 호감을 사려면 어떻게 해야 할까?

첫인상은 태어날 때부터 결정되는 것이 절대 아니다. 어떻게 살았는

사례 1

동료에게 좋은 사람을 소개받기로 한 날이다. 좋은 만남을 기대하며 10분 먼저 나와 상대를 기다렸다. 문이 열리고 이성이 들어왔다. 그 순간부터 5초도 안 되는 찰나에 즐거운 시간이 되리라는 느낌을 받았다. 그만큼 상대의 첫인상은 강렬했다.

지, 앞으로 어떻게 살아갈 것인지에 따라 달라지는 후천적인 영향이 크다. 그렇기 때문에 노력만 한다면 충분히 좋은 인상을 만들어 나갈 수 있다. 예를 들어 얼굴에 큰 상처자국이 있는 사람이 면접을 보러 왔다고 생각해 보자. 눈에 띄는 상처자국임에도 불구하고 내내 밝은 미소를 보이는 사람과 반대로 낯빛이 어둡고 울상인 사람이 있다면, 당신은 누구를 채용하겠는가? 당연히 전자일 것이다. 이렇듯 좋은 인상은 타고난 외모가 아니다. 노력만 한다면 얼마든지 좋은 인상으로 바꿀 수 있다. 따라서 첫인상을 타인에게 맡겨둘 것이 아니라 호감 가는 첫인상이 되도록 적극적으로 노력해야 한다.

현대를 살아가는 모든 사람들에게 있어서 첫인상만큼 중요한 것은 없다. 직장이나 사회생활을 영위하는 과정에서 첫인상은 인간관계의 형성을 비롯해 많은 부분에서 영향을 미치기 때문이다. 호감형 인상이 되려면, 다음 사항을 일상에 적용하라.

① 밝고 부드러운 표정과 미소
② 바른 태도
③ 단정하고 깔끔한 옷차림
④ 적극적인 인사
⑤ 바르고 명확한 발음, 공손한 어투
⑥ 밝고 명랑한 음색
⑦ 대화 시 좋은 언어표현과 세련된 화술
⑧ 긍정적인 사고방식
⑨ 상대에 대한 배려

떨리는 면접날이다. 어떤 질문을 받을지 생각하느라 잠도 설쳤다. 문을 열고 들어서자 세 명의 면접관이 앉아 있었다. 긴장감을 감추고 면접관을 향해 밝은 미소로 인사했다. 자리에 앉아 면접관의 질문에 어찌 답변했는지 모르게 긴장 속에 끝이 났다. 며칠 후 합격이란 전화를 받았다. 밝은 첫인상이 합격에 큰 영향을 미쳤다고 한다.

첫인상의 속도

앞서 언급했듯이 첫인상을 판단하는 데는 몇 초면 충분하다. 이 짧은 시간 안에 좋은 첫인상을 상대방에게 새기려면 어떻게 해야 할까?

첫인상은 상대방에게 오랫동안 영향을 미치기 때문에 중요하다. 첫인상이 결정되는 시간은 매우 짧다. 사람의 진가는 많은 대화를 통해 여러 가지를 복합적으로 판단하며 알게 되지만 첫인상이 좋아야 이후의 만남에서 호감을 느끼게 되고 지속적인 인간관계가 원활히 이루어진다. 반면 첫인상이 좋지 않으면 무관심하게 되고 자기표현을 할 수 있는 기회를 잃게 되면서 만남은 더 이상 이루어지지 않게 된다.

첫인상은 태어날 때부터 결정되는 것이 아니라 살아가며 결정되어지므로 노력한다면 얼마든지 극복할 수 있다. 따라서 적극적으로 노력해서 호감 가는 첫인상을 갖도록 하자.

면접관으로 있을 때 일이다. 세 명의 구직자들이 문을 열고 차례대로 들어왔다. 면접관은 이미 그때부터 그들의 표정과 행동을 주시하지만 긴장한 구직자들은 그만 그 부분을 간과하고 만다. 1번 구직자는 미소를 띤 채 면접관을 응시하며 들어왔다. 2번 구직자는 1번 구직자 등만 응시하며 들어와 의자에 앉았다. 3번 구직자는 고개를 숙인 채 들어와 남은 자리에 앉았다. 단 몇 초 만에 첫인상이 결정됐다. 더불어 첫인상으로만 채용자 우선순위를 정했다. 당신도 알겠는가? 맞다. 밝은 미소를 띠고 면접관과 눈을 마주친 1번 구직자는 우선적으로 높은 점수를 받고 본격적인 면접을 받았다.

모케이블 방송사에서 방영하는 [너의 목소리가 보여]라는 프로그램은 이미지메이킹이 얼마나 중요한지를 보여주는 사례하고 할 수 있다. 이 프로그램은 몇몇의 참가자가 자신에게 주어진 컨셉에 맞게 이미지메이킹을 하고 나와 립싱크를 하고 게스트로 출연한 베테랑 가수가 어떤 참가자가 음치이고 노래를 잘 부르는 실력자인지 가려내는 컨셉이다. 치밀하게 짜여진 이미지메이킹 때문에 베테랑 가수조차 음치와 실력자를 가려내는데 실패한 경우가 많았다. 신뢰감을 주는데 이미지메이킹이 얼마나 중요한지 알 수 있는 사례이다.

호감주는 표정 만들기

1) 표정의 중요성

① 표정은 첫인상을 평가하는 핵심요소이다.

② 생활방식과 인간관계 형성에 영향을 미친다.

③ 개인은 물론, 개인이 속한 단체나 기업을 평가하는 데 중요한 역할을 한다.

정보가 넘치는 오늘날, 사회생활에서 호감도 높은 인상과 긍정적인 이미지는 반드시 필요하다.

2) 긍정적인 표정의 효과

❶ 심리 상태와 건강이 좋아진다.
❷ 감정을 이입하는 데 효과가 있다.
❸ 마인드컨트롤을 할 수 있다.
❹ 업무 실적을 향상시킬 수 있다.

❀ 상황별 표정 연출법
● 면접 : 침착한 미소
● 프레젠테이션 : 자신감
● 짜증나고 화날 때 : 심호흡하기
● 칭찬받았을 때 : 겸손
● 휴가 다녀왔을 때 : 밝은 표정
● 서비스할 때 : 부드러운 시선

표정은 대화 내용이나 분위기에 알맞게 연출해야 호감형 얼굴이 된다. 웃는 얼굴을 자연스럽게 연출하려면 입 꼬리 주위의 근육을 단련시켜야 한다.

우리나라 사람들 대부분은 무표정한 얼굴이 많지만 이를 이상하게 생각하지 않는다. 그러나 외국에서는 무표정을 불만족이나 반감 등으로 이해한다. 국제화시대인 현 시점에서 표정관리는 개인의 이미지가 되며 더 나아가 국가, 기업의 성공요인이 되는 중요한 요소가 된다. 첫인상에서 좋은 표정은 필수이므로 항상 표정관리에 관심을 가지고 노력해야 한다. 이때 첫인상을 좌우하는 핵심적인 요소는 바로 긍정적인 표정임을 기억하라.

좋은 표정을 방해하는 습관은 없는지 다음 7가지 포인트를 확인해보자.

위 질문 중에서 '예'가 많다면 그것은 잘못된 표정이다. 이러한 표정을 짓고 있다면 고치도록 노력해야 한다.

① 시선이 편안하지 못하고 눈동자가 불안정하게 움직이고 있지는 않은가?
② 웃고 있는 입 꼬리가 한쪽만 올라가 있지는 않은가?
③ 평상시 양미간을 찌푸리고 있지는 않은가?
④ 긴장할 때 입술을 깨물거나 오므리지 않는가?
⑤ 당황할 때 허를 내미는 습관이 있지는 않은가?
⑥ 턱을 너무 들고 있거나 또는 너무 숙이고 있지는 않은가?
⑦ 말할 때 자주 눈을 깜박이지는 않은가?

표정 관리 시
고려해야 할
7가지 포인트

♣ 호감형 인간의 특징

① 매사 적극적이다.
② 밝고 활발해 상대방을편하게 해
주므로 대인관계가 원만하다.
③ 항상 여유가 있다.
④ 밝은 표정을 유지하려고 노력
한다.
⑤ 일상생활에서 유머를 잃지 않
는다.
⑥ 기쁨. 행복. 반가움 등의 긍정적
인 감정을 잘 표현한다.

상황에 따라 다르겠지만 상대방에게 좋은 감정을 전달하려면 미소가 있어야 한다. 아무리 잘생긴 사람이라도 표정이 어두우면 상대방에게 호감을 줄 수 없다. 잘 웃지 않는 무표정한 얼굴을 관찰해보면 입 주위 근육이 굳어 있다. 매일 입술 근육을 단련시키면 입 주위 주름도 방지하고 매력적인 입매와 입 꼬리 모양을 단정하게 하는 효과가 있다.

얼굴 모습은 선천적으로 타고나는 것이지만 밝고 호감 가는 표정은 타고 나는 것이라기보다는 연습을 통해 가꿀 수 있다. 항상 거울을 들여다보며 얼굴 표정에 관심을 기울이고, 자연스러운 미소가 생활화될 수 있도록 노력한다.

다양한 표정들 중에서도 가장 호감을 주는 것은 역시 미소 띤 얼굴사진 참조이다. 늘 활기차고 생생한 표정, 신선하고 밝은 표정을 습관화한다면 상대방에게 호감을 얻을 수 있을 것이다.

3) 표정관리와 미소

(1) 얼굴

상황에 따라 적절한 표정을 지을 수 있어야 한다. 얼굴은 지금까지 살아온 인생을 보여줄 뿐만 아니라 다양한 표정이 직접적으로 연출되는 신체기관이다. 타인에게 좋은 인상을 주려면 즐거운 생각을 습관화하고 꾸준히 교양을 쌓아 품위 있는 인격을 지니도록 노력해야 한다.

(2) 표정

누군가를 처음 만나면 은연중에 상대방의 눈을 들여다보며 그 사람의 진실성을 판단하려는 경향이 있다. 예를 들어 입은 웃고 있는데 눈이 무표정하면 이상한 사람으로 보일 수 있다. 눈의 표정이 밝고 생기 있으면 자신감 있고 아름다워 보인다. 눈 주위의 근육을 단련시키면 생기 있는 눈의 표정을 가질 수 있다. 그러나 눈이 빛난다 하더라도 호감 가는 시선이 아니면 좋은 인상을 줄 수 없다. 시선처리는 정면을 향하는 것이 좋으며 어깨 방향과 같은 방향으로 움직이는 것이 아름답다.

성품이 정직한 사람의 눈을 보면 대체로 시선이 반듯하고 정감이 넘친다. 눈은 심리상태를 있는 그대로 반영한다. 속마음과 다른 표정을 짓기란 어렵기 때문에 맑고 밝은 생각을 하고 있다면 눈빛도 저절로 맑고 밝아진다. 따라서 마음 수양이 필요하다.

(3) 입

밝은 인상의 기본은 웃는 얼굴이다. 웃는 표정은 입모양에 따라 판가름이 난다. 입은 자연스럽게 다물고 양 꼬리가 살짝 들리는 정도의 미소가 좋다. 입에 힘을 주고 꼭 다물거나 눈사람 입처럼 일직선을 이루는 것은 좋지 않다.

(4) 턱

　무의식적으로 연출하는 턱의 높이가 그 사람의 기분과 성품을 나타내는 무언의 메시지일 수도 있다. 일반적으로 턱을 수평보다 약간 아래로 내리면 조심스러운 인상을 준다. 따라서 이러한 각도를 유지하면 상대를 인정하고 존중한다는 의미로 전달할 수 있다.

(5) 음성

　목소리도 표정이 있다. 적당한 음량과 속도로 맑고 부드럽고 정확하게 말하는 것이 좋다. 음성이 낮고 차분하면서도 또렷한 목소리는 신뢰감을 준다.

(6) 머리

　아름다운 머리의 기본은 건강한 머릿결이다. 또한 신분과 체형에 따라 적절한 헤어스타일이 바람직하다. 헤어스타일은 인상을 결정짓는 중요한 요소 중 하나다. 서비스직이나 비즈니스 업무에 종사하는 사람들에게 무엇보다 필요한 것은 위생 관념이라 할 수 있다. 특히 상대방과 직접 대면하는 서비스직에 종사하는 사람의 용모는 언제나 단정하고 깨끗해야 한다. 정갈한 느낌을 주는 비즈니스맨은 상대방에게 호감을 줄 수 있고 나아가 성공의 가능성도 그만큼 높아진다.

(7) 미소

　잘 웃지 않는 사람은 장사를 하지 말라는 중국 속담도 있듯이 미소는 서비스와 비즈니스에 매우 중요하다. 호감 가는 표정은 멋진 미소와 어우러질 때 훨씬 매력적이다. 얼굴 근육운동을 통해 자신 있는 표정과 미소를 지을 수 있도록 노력해야 한다. 입 꼬리만 살짝 올려도 저절로 눈까지 웃어지는 자연스러운 미소를 연출할 수 있다.

4) 밝은 미소 만들기 근육운동

미소 없는 얼굴로는 서비스를 할 수 없으며, 한다 하더라도 기업 이미지는 실추될 것이다. 얼굴은 내 것이지만 표정은 상대를 위한 것임을 잊지 말아야 한다. 좋은 미소를 띠려면 어떤 노력을 해야 할까? 표정은 스스로 선택하고 충분히 바꿀 수 있는 영역이다. 다음과 같이 표정 근육운동을 통해 미소왕이 되어 보자.

(1) 눈썹 운동

① 손가락으로 눈썹 모양대로 댄 채 위아래로 움직여 눈썹 주변 근육을 풀어준다.
② 눈썹을 올렸다 내렸다 하고 미간에 힘을 줬다 뺐다 한다.

(2) 눈 운동

① 눈을 감고 긴장을 풀어준다.
② 눈동자를 위아래, 좌우 방향으로 5회 실시한 후 오른쪽, 왼쪽 방향으로 5회 움직인다.
③ 눈동자를 오른쪽 방향으로 5회, 왼쪽 방향으로 5회 돌려준다.

(3) 볼 운동

① 입술을 다물고 양 볼에 공기를 넣어준다.
② 볼에 있는 공기를 왼쪽 볼로 이동시키고 15초 유지한다.
③ 왼쪽 볼에 있는 공기를 인중으로 이동시키고 15초 유지한다.
④ 공기를 오른쪽 볼로 이동시키고 15초 유지한다.
⑤ 턱에 공기를 넣고 15초 유지한다.

♣ 예쁜 미소 만들기

① 가지런한 치아가 돋보이도록
양쪽 입 꼬리가 귀 쪽을 향하
도록 좌우로 입술을 당긴다.
② 윗니의 잇몸만 살짝 보이고
아랫니의 잇몸은 보이지 않게
입술을 벌려준다.

(4) 코 운동

❶ 코와 미간 사이에 주름을 만든다. 그 상태를 5초 동안 유지
한 후 풀기를 반복한다.
❷ 콧구멍을 늘렸다 줄였다 한다.

(5) 입 운동

❶ 입술을 앞으로 쭉 내밀었다가 다시 활짝 미소 짓기를 5회
실시한다.
❷ 입을 크게 벌렸다 다물었다 반복한다.
❸ 입을 최대한 크게 벌리고 아, 에, 이, 오, 우를 반복한다.

(6) 턱 운동

❶ 입을 최대한 벌리고 오른쪽과 왼쪽 방향으로 번갈아 움직인다.
❷ 10초 동안 턱을 최대한 벌리고 있다가 다문다.
❸ 아래턱을 오른쪽으로 2회, 왼쪽으로 2회 크게 회전한다.
❹ 10초 동안 어금니를 물고 코로 숨을 들이쉬고 내쉰다.
❺ 머리를 뒤로 젖히고 입을 최대한 벌리고 10초 동안 유지하다가 원위
치한다.

(7) 귀 운동

❶ 10초 동안 손가락으로 귓불을 잡고 아래로 잡아당긴다.
❷ 10초 동안 손가락으로 귀 위쪽을 잡고 위로 잡아 올린다.
❸ 10초 동안 귀 전체를 쥐고 바깥쪽으로 잡아당긴다.

(8) 혀 운동

❶ 입을 크게 벌리고 혀를 오른쪽으로 3회, 왼쪽으로 3회 돌린다.
❷ 혀가 코끝과 턱에 닿을 정도로 위로 5초, 아래로 5초 움직인다.
❸ 입속에서 혀로 볼을 좌우 2회씩 밀어준다.
❹ 아프지 않을 정도로 이로 혀를 깨문다.

1. '먼저 제시된 정보가 나중에 들어온 정보보다 전반적인 인상 현상에 더욱 강력한 영향을 미치는 것'을 무엇이라고 하는가?

2. '처음이 좋지 않았더라도, 반복해서 제시되는 행동이나 태도가 진지하고 솔직하면 점차 좋은 쪽으로 바뀌는 현상'을 무엇이라고 하는가?

3. 첫인상을 결정하는 3가지 요소는 무엇인가?

4. 메라비안 차트의 3가지 요소는 무엇인가?

5. '심리 상태와 건강이 좋아진다. 감정을 이입하는 데 효과가 있다. 마인드 컨트롤을 할 수 있다. 업무 실적을 향상시킬 수 있다.' 등은 무엇의 효과인가?

MEMO

BUSINESS MANNER

GLOBAL ETIQUETTE

인사예절

인사의 중요성

　　최근 어느 대학에서는 인사에 인색한 젊은이들을 변화시켜 보자는 취지로 '내가 먼저 다가가 인사를 해봐요'라는 플래카드를 내걸고 캠페인을 진행했다. 캠페인을 본 한 학생은 "인사는 인간 삶에서 가장 기본이 되는 것으로, 중요한 소통수단이라 생각한다. 캠페인을 통해 캠퍼스에 생기를 불어 넣고 싶다."고 말했다.

1) 인사人事의 사전적 의미

❶ 마주 대하거나 헤어질 때에 예를 표함, 또는 그런 말이나 행동
❷ 처음 만나는 사람끼리 서로 이름을 통하여 자기를 소개함, 또는 그런 말이나 행동
❸ 입은 은혜를 갚거나 치하할 일 따위에 대하여 예의를 차림, 또는 그런 말이나 행동

인사는 상대방의 가치를 인정하고 높여주는 기술이다. 때문에 앞서 언급한 사전적인 의미와 더불어 바른 자세로 진심을 담아 밝은 미소로 인사하자.

2) 인사는

❶ 상대를 존중하는 마음이다.
❷ 호감을 드러내는 표시이다.
❸ 즐겁고 명랑한 사회생활과 원만한 대인관계의 기초이다.
❹ 진심이 담긴 인사는 상대방을 감동시킨다.
❺ 인간관계의 시작이고 끝이다.
❻ 마음의 문을 여는 열쇠이다.
❼ 인격과 교양을 표현하는 수단이다.

인사는 상호 간에 나누는 것을 원칙으로 한다. 이때 상대가 행하기 전에 먼저 인사하는 것을 생활화하자.
서비스가 훌륭하다고 평가되는 곳을 살펴보면 한 가지 공통점이 있다. 바로 인사를 잘한다는 것이다. 서비스업에 종사하는 사람에게 인사는 품위와 가치를 높이는 서비스의 척도이다. 인사도 제대로 못하는 사람에게 훌륭한 서비스를 기대할 수 없다.

인사는 상대방에게 자신을 알리는 첫 번째 단계로, 호의와 존경심, 서비스 정신을 나타내는 마음가짐의 표현이다. 때문에 사람과 사람이 만나는 일에서 중요한 비중을 차지한다. 인사를 통해 신뢰감을 줄 수 있고, 상대의 마음을 열게 해 원만한 인간관계 형성의 토대가 될 수 있다. 먼저 인사할 줄 아는 사람은 그렇지 않은 사람보다 성공에 가까이 있다.

3) 올바른 인사의 효과

① 비즈니스 상황에서 회사 이미지 향상에 크게 작용한다.
② 상대의 인격을 존중하고 배려하며 경의를 표시하는 수단이다.
③ 존경심, 우애, 친밀감을 표현할 수 있다.

사례

블로거 사이에서 입소문이 난 레스토랑을 방문했다. 최고라는 댓글 가득한 평에 설레는 마음으로 레스토랑 문을 열었다. 하지만 자리에 앉아 주문을 하고 음식을 맛보는 내내 기분이 언짢았다. 그 이유는 하나다. 핫플레이스로 소문난 탓에 대기손님까지 줄섰지만 들어서는 손님에게 인사하는 종업원은 단 한 명도 없었다. 맛은 일품인지 모르나 기본적인 서비스는 훌륭하지 않았다.

모 그룹 회장은 신입사원 선발 시 가장 중요시 여기는 점이 인사하는 모습이라고 한다. 기업에서는 신입사원의 경우 당장 뽑아서 실무에 투입까지는 최소 1년에서 3년 정도는 되어야 스스로 업무를 할 수 있는 수준이 되기 때문에 본인의 능력이 출중하다고 해도 어느정도의 업무 경험이 쌓여야 스스로 업무가 가능하다고 본다. 따라서 입사 후 처음 배우는 기간은 3년정도로 보고 회사에서도 3년 간 직원에게 월급을 주면서 일을 가르치는 단계이고, 신입사원의 입장에서는 월급을 받으면서 일을 배우게 된다. 그렇기 때문에 신입사원에게 가장 요구되는 덕목은 배우고자 하는 열의와 이를 받아들이는 긍정적인 태도라고 할 수 있다. 이러한 태도와 품성을 가장 쉽게 알수 있는 것이 인사를 통해서이기 때문에 많은 인사담당자들이 신입사원 선발 시 가장 중요하게 여기는 점이 된다.

② 인사의 3가지 포인트

누가 먼저 인사를 해야 하는지를 따지지 않고 먼저 본 사람이 우선 인사해 보자. 그러면 훨씬 더 좋은 인상을 남길 것이다. 인사는 존경심과 친절을 상대에게 표현할 수 있다.

호감을 줄 수 있는 바른 인사의 3가지 포인트를 살펴보자.

첫째, 상대의 눈을 보고 밝은 미소로 인사한다.
눈을 마주치지 않고 인사한다면 누구에게 인사한 건지 혼동할 수 있다.

둘째, 인사를 하고 숙인 상태에서 잠시 멈춰 있어야 한다.
숙이자마자 일어선다면 무성의해 보인다.

셋째, 플러스 알파$+\alpha$ 인사를 한다.
상황에 맞는 인사를 덧붙인다면 친밀감이 생겨서 좋다.
예를 들면 '안녕하세요. 오늘 날씨가 정말 화창하네요. 과장님 의상도 오늘 날씨처럼 화사해서 보기 좋습니다.' 등 상황에 맞으면서 상대방에게 호감을 주는 인사를 하면 형식적인 인사보다 친밀감이 생긴다.

③ 인사의 기본자세

1) 올바른 인사자세

① 상대방의 눈을 정면으로 바라보고 선다.
② 상대방과 시선을 맞추고 밝고 부드러운 미소를 지으며 상냥하게 인사말을 건넨다.
③ 상체를 굽힌다.
④ 머리, 등, 허리선이 일직선이 되도록 숙인 상태에서 잠시 멈춘다.
⑤ 자연스럽게 상체를 천천히 올린다.
⑥ 상체를 들어 올린 다음 똑바로 선 후 상대에게 시선을 고정하고 미소를 짓는다.

2) 인사할 때 주의사항

① **턱**　위로 올리거나 내밀지 않고 자연스럽게 당긴다.
② **어깨**　힘을 뺀다.
③ **입**　살짝 다문다.

④ **손**　남녀 모두 손에 힘을 주지 않는다.

여성은 자연스럽게 오른손이 위가 되도록 손을 앞으로 모으고, 남성은 두 손을 살짝 감싸 쥔 채 차렷 자세를 한다.

⑤ **발**　무릎과 뒤꿈치는 서로 붙이고 양발은 가지런히 모은다.

웃어른에게는 공손한 자세로 인사해야 한다. 이때, 손을 앞으로 모아 잡고 다소곳하게 서거나 앉는 것을 공수자세라 한다.

3) 공수의 의미

❶ 공손한 자세를 취할 때 손은 두 손을 앞으로 모아 잡는다.

❷ 의식행사에 참석했을 때와 전통배례를 할 때, 어른 앞에서 공손한 자세를 취할 때 공수한다.

❸ 공수자세는 남자와 여자가 다르고 평상시와 흉사시가 다르다.

❹ 성별과 의식행사에 적합한 공수를 해야 한다.

여성 – 평상시 공수자세

여성 – 흉사시 공수자세

4) 공수의 기본자세

① 두 손의 손가락을 가지런히 붙여서 편 다음 앞으로 포갠다.

② 엄지손가락은 깍지를 끼고 나머지 네 손가락은 포갠다.

③ 아래에 있는 손의 네 손가락은 가지런히 펴고, 위에 있는 손의 네 손가락은 아래에 있는 손을 살짝 쥔다.

5) 공수자세

(1) 평상시 제사, 차례 포함

① **남자** 왼손이 위로 올라오게 포갠다.

② **여자** 오른손이 위로 올라오게 포갠다.

③ 왼쪽은 동쪽이고 동쪽은 양陽을 뜻한다. 때문에 남자는 왼손이 위이다.

오른쪽은 서쪽이고 서쪽은 음陰을 뜻한다. 때문에 여자는 오른손이 위이다.

Tip

공수자세를 취할 때 평상 시와 흉사 시에 손을 반대로 포개게 되면 큰 실례를 범하게 된다. 예를 들어 남성이 평상 시에 어른 앞에서 오른손이 위로 올라오게 포갠다면 인사를 받는 어른이 내가 죽은 사람이냐고 크게 화를 낼 수 있다. 이런 실례를 범하지 않게 정확한 공수자세를 취해야 한다.

(2) 흉사시 사람이 죽었을 때

① 평상시와 반대로 한다.

② **남자** 오른손이 위로 올라오게 포갠다.

③ **여자** 왼손이 위로 올라오게 포갠다.

④ 인사의 종류

1) 목례

- **상대**   자주 마주친 상대, 동료, 상사
- **방법**   5도 정도 가볍게 머리만 숙인다.
- **상황**   통화중이나 작업 중에 상사가 들어올 때 모르는 사람과 회사에서 마주칠 때 양손에 무거운 짐을 들고 있을 때

2) 가벼운 인사 약례, 반경례

- **상대**   가까운 동료 또는 하급자, 하루에 몇 번 마주친 낯선 어른이나 상사
- **방법**   15도 정도 상체를 굽히면서 시선은 발끝 2~3m 앞쪽을 바라본다.
- **상황**   좁은 공간에서 제대로 인사할 수 없을 때
상사를 2회 이상 복도에서 만났을 때 동료나 아랫사람을 화장실, 복도, 엘리베이터에서 만났을 때

3) 보통 인사 경례, 평상례

- **상대**   어른이나 상사, 고객
- **방법**   30도 정도 상체를 숙이면서 시선은 1m 앞쪽을 바라본다.
- **상황**   일상생활에서 많이 하는 인사이다.

  맞이하거나 배웅할 때

  외출이나 귀가할 때

  만나거나 헤어질 때

4) 정중한 인사 최경례, 큰 경례

- **상대**   국빈, 국가의 원수, 집안 어른
- **방법**   45도 정도 상체를 숙이면서 시선은 1m 앞쪽을 바라본다.
- **상황**   가장 공손한 인사이다.

  감사나 사죄 표현을 할 때

  공식석상에서 처음 인사할 때

  면접 시 인사할 때

일반적으로 인사는 15~30도에서 상대와 상황에 따라 적당히 활용해야 한다. 여기서 각도는 머리가 아니라 허리 각도이다.

90도 인사는 배례라 하며 가장 정중한 인사나 의식인사로, 일상생활에서는 사용하지 않는다. 근래 들어 일부 대형 할인매장에서 90도로 인사하는 경우가 있는데, 동작이 큰 탓에 개별 고객에 대한 인사라기보다는 불특정 다수를 향한 의식적인 인사라는 느낌이다.

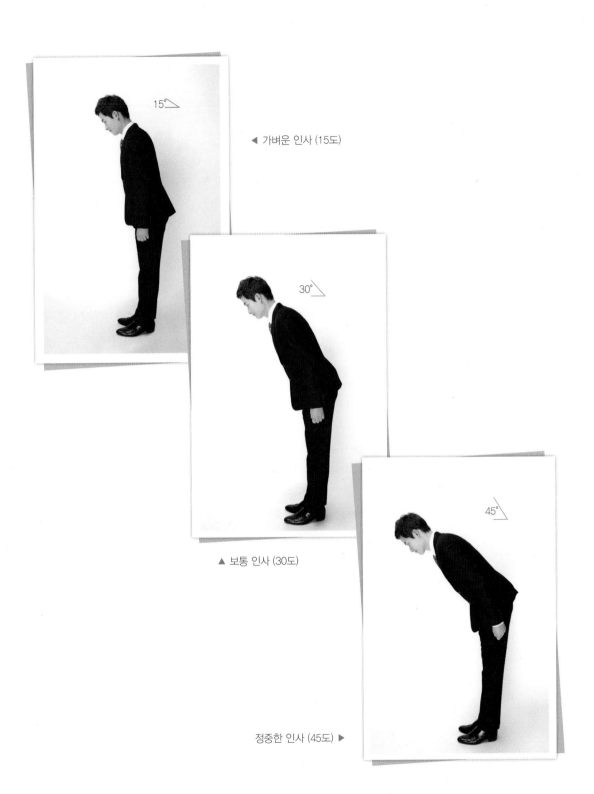

◀ 가벼운 인사 (15도)

▲ 보통 인사 (30도)

정중한 인사 (45도) ▶

⑤ T.P.O의 따른 인사법

인사는 인간관계의 출발점이자 상대와 벽을 허무는 첫 관문이다. 따라서 시간과 장소와 상황에 따라서 인사해야 한다. 상황에 걸맞지 않거나 잘못된 인사는 안하느니만 못하다. 좋은 인사 3요소는 자세, 경쾌한 목소리, 밝은 표정이다. 3요소를 생각하며 T.P.O^{Time, Place, Occasion}별 인사를 알아보자.

1) 복도에서

❶ 상대방과 시선을 맞춘다. 밝은 미소를 띠며 간단히 인사말을 한다.
❷ **복도 끝이나 모퉁이에서 만났을 때** 상대방이 놀라지 않도록 한걸음 물러서서 인사한다.
❸ 인사하고 다시 만났을 때: 밝은 표정으로 가볍게 목례한다.

2) 출퇴근 시

❶ 출근 시 가벼운 목례만 하기보다는 밝고 명랑한 목소리로 인사말을 함께 하는 것이 좋다.
❷ 퇴근 시 먼저 나갈 때에도 가벼운 인사 정도는 하는 예의를 지키자.

3) 식당에서

식사중인 상사에게 정중히 인사하는 경우는 상대방을 불편하게 할 수 있다. 가볍게 인사말만 전하는 정도가 좋다.

예 "맛있게 드세요."

4) 멀리 있을 때

① 먼저 가볍게 목례를 한다.
② 자연스럽게 다가가 제대로 인사한다.
③ 인사는 반드시 정지한 상태에서 눈을 마주치고 해야 한다.

5) 앉아 있을 때

① 상사에게 인사해야 할 경우 자리에서 일어나 상사와 같은 눈높이에서 인사한다.
② 동료에게 인사해야 할 경우는 앉은 자리에서 가볍게 목례한다.
③ 앉아서 열심히 작업에 몰두하는 중에는 일부러 인사하지 않아도 무방하다. 업무 중이라면 여유가 있는 상황일 때 인사하면 좋다.

⑥ 좋은 만남의 시작, 악수

악수는 새로운 관계를 맺는 상대와의 첫 접촉이다. 사람은 악수했을 때 여러 표현과 감정을 전달할 수 있기 때문에 사교활동 시 중요한 행위이다. 이때 주의할 점은 나라별 다양한 관습과 문화 차이가 있으므로 상대와 상황에 따라 적절한 악수를 해야 한다.

1) 악수하는 순서

악수는 다음과 같은 순으로 한다.

❶ 윗사람이 아랫사람에게

❷ 여성이 남성에게

❸ 기혼자가 미혼자에게

❹ 고객이 직원에게

2) 올바른 악수법

① 악수는 오른손으로 하는 것이 올바르다.

② 악수한 상태에서 이야기를 오래 하지 않는다.

③ 장갑을 착용했다면 남자는 벗어야 하며, 여자는 벗지 않고 악수해도 된다.

④ 반드시 상대방과 시선을 맞추며 해야 한다.

⑤ 아랫사람이 윗사람과 악수할 때는 허리를 약간 숙여 경의를 표할 수 있다.

⑥ 적당한 악력으로 손을 잡고 세게 흔들지 않는다.

⑦ 악수를 하지 않은 손을 주머니에 넣지 않는다.

⑧ 앉아있을 때 상대방이 악수를 청하는 경우 즉시 일어나서 악수를 건넨다.

사례

2013년 4월 세계적인 기업인과의 만남에서 있었던 박근혜 대통령과 빌게이츠 악수가 뜨거운 논란을 빚었다. 그는 마이크로소프트사 창시자이며 에너지개발회사 회장직을 역임하고 있다. 논란의 내용은 빌게이츠가 왼손을 주머니에 넣은 채 대통령과 악수하는 행동 때문이다. 그간 그의 매스컴에 노출된 악수 모습을 보면 별 다를 게 없지만 이런 논란이 불쾌감을 주는 건 바로 문화와 관습 차이이다. 자유분방한 서양에서는 논란이 되지 않는 가벼운 악수였겠지만 악수를 행한 장소가 한국이었다는 점에서 회장은 비난대상이 되었다. 회장의 악수 태도를 무례하다 비난하는 사람이 있는가 하면 그렇지 않은 사람도 있다. 이는 세계화 시대에 문화 차이를 인정해야 한다는 것이다. 지나치게 형식에 얽매여서도 안 되겠지만 각기 다른 문화를 받아들이고 존중과 배려하는 마음을 잊지 말자.

또 다른 얼굴, 명함

명함은 그 사람의 얼굴을 대신한다는 점 때문에 다양한 디자인으로 본인의 취향을 표현한다. 화려한 디자인으로 나를 알리는 것도 중요하지만 그보다 우선시 되어야 할 점은 예절이다. 예의에 어긋나지 않도록 주의하자. 서양에서는 보통 친밀한 관계를 이어 나가고자 할 때 명함을 주고받지만 동양에서는 초면에 자신을 알리는 수단으로 명함을 사용한다.

명함 수수

■ 주의사항

① 명함을 미리 준비해 두었다가 짧은 인사말과 함께 건넨다.

② 명함을 받을 때, 상대를 대하듯 정중하게 받아야 한다.

③ 오른손으로 내용이 보이는 방향으로 전달한다. 그때 왼손은 오른손을 살짝 받치는 느낌으로 공손함을 표한다.

④ 명함은 아랫사람이 먼저 건넨다.

⑤ 구겨지지 않도록 잘 보관한 명함을 건네야 하며, 받은 명함은 잘 보관한다.

⑥ 일어서서 두 손으로 받으며 그 자리에서 상대의 명함을 확인한다.

⑦ 상대의 명함을 받고 자신의 명함을 건네지 않는 것은 실례이다. 항상 소지하도록 한다.

⑧ 명함은 나를 표현하는 또 다른 얼굴이기도 하다. 올바른 정보가 적혀 있는 명함을 사용한다.

⑨ 회사나 기관에서 여럿이 인사하는 경우에는 책임자에게만 전달한다. 모두에게 전달해야 할 경우에는 직위 순으로 건넨다.

⑩ 받은 명함을 구기거나 낙서하지 않는다.

⑪ 명함에 적힌 내용을 대화하는 것도 상대에게 관심과 호감을 표출하는 행동이다.

⑫ 명함이 없는 경우 상대에게 양해를 구하고 깨끗한 종이에 이름과 연락처, 회사명 등을 적어 전달한다.

내 명함과 받은 명함이 섞이지 않도록 주의한다. 급하게 명함을 건네느라 확인하지 않고 받은 명함을 건넨다면 신뢰감이 떨어지게 될 것이며, 특히 비즈니스 차원에서 불이익이 있을 수 있다. 이런 경우를 예방하기 위해 명함지갑에 내 명함을 보관하는 곳과 받은 명함을 보관하는 곳을 구분해 놓는다.

두 손으로 주고받을 때   양손으로 동시에 주고받을 때

✿ **명함 교환시에는 꼭 확인 복창을 하도록 한다.**

상대방의 명함을 받을 때는 아무 말 없이 받는 것이 아니라 가급적이면 회사명과 이름 직위, 혹은 회사의 지역등을 거론하며 친근한 인사말을 건넨다.

"아~ 00 회사에 다니시는 군요!"

"네. 000님. 만나뵙게 되어서 반갑습니다.'

"아. 회사가 00 쪽이시군요. 저도 그 쪽에는 자주 갑니다"

등 대화를 건넴으로써 상대방에 대한 관심을 나타내고 다음 대화의 물꼬를 트는데 도움을 주는 것이 명함 교환이라는 것을 잊어서는 안된다.

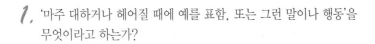

1. '마주 대하거나 헤어질 때에 예를 표함, 또는 그런 말이나 행동'을
   무엇이라고 하는가?

2. 평상 시 여성의 공수자세는 어느 손이 위로 올라오게 포개어야 하는가?

3. 맞이하거나 배웅할 때 많이 쓰이며 30도 정도 상체를 숙이는 인사는
   무엇인가?

4. 앉아있을 때 상대방이 악수를 청하는 경우에는 어떻게 해야 하는가?

5. 명함은 윗사람과 아랫사람 중 누가 먼저 건네야 하는가?

MEMO

MEMO

BUSINESS MANNER

GLOBAL ETIQUETTE

용모와 복장

① 용모와
복장의 중요성

상대를 처음 만날 때 대부분은 얼굴부터 본다. 먼저 얼굴을 보고 그 다음 스타일을 보는 게 일반적이다. 겉으로 드러나는 전체적인 모습을 용모라고 하는데, 이는 상대를 판단하는 데 매우 중요하게 작용한다.

용모는 타고나는 것이지만 생활환경이나 사고 방식에 따라 충분히 개선할 수 있다. 밝은 표정과 더불어 단정함과 청결함까지 갖춘다면 상대에게 호감을 줄 수 있다.

하루를 시작하기 전 거울 앞에 서보자. 머리부터 발끝까지 하나하나를 점검해가며 매만진다면 보다 자신감 넘치는 하루가 될 것이다. 가능하다면 출근 전, 식사 후, 미팅 전 수시로 용모복장을 점검하기를 생활화하자. 이같이 철저한 자기관리와 지속적인 노력이야말로 단정한 용모를 유지하는 데 필요한 요소이다.

복장은 기본적으로 체온을 유지하고 위험에서 보호하는 역할 외에도 상대방에게 최소한의 예의를 표시하는 수단이기도 하다.

바람직한 복장의 요건으로는 청결, 단정, 조화가 있다. 이 세 가지와 함께 업무에도 적합하면서 개성도 살리는 복장을 연출한다면 첫 만남에서 좋은 기억을 남길 수 있다. 따라서 T.P.O. 즉 시간, 장소, 상황에 알맞은 복장을 선택하는 게 중요하다.

1) 용모 · 복장의 중요성

1 첫인상을 결정한다.

일차적으로 시각적인 판단에 영향을 미치는 용모와 복장은 신뢰감을 형성하기도 하고, 업무 성과에 중요한 작용을 하기도 한다.

2 기분전환을 한다.

단정한 상대를 만난다면 더불어 기분이 좋아지면서 만남을 지속하고 싶은 마음도 생긴다.

3 직장 분위기가 달라진다.

단정한 용모 · 복장으로 인해 직장 분위기도 밝아질 수 있다.

4 능률이 향상된다.

일의 능률이 오른다면 높은 성과를 기대할 수 있다.

2) 단정한 용모 · 복장의 포인트

1 청결   몸을 깨끗하게 하는 것이 단정한 용모의 첫단추이다. 손톱이 길거나 머리에서 냄새가 난다면 상대방에게 불쾌감을 줄 수 있다.

2 단정   신뢰감을 줄 수 있는 깔끔한 용모, 복장을 연출하기 위해서 지나치게 화려한 의상이나 액세사리는 피하고 정갈한 복장을 선택한다.

3 조화   업무에도 적합하면서 본인의 개성도 살리는 복장을 연출한다면 더할 나위가 없겠지만 T.P.O 즉 시간, 장소, 상황에 맞게 조화를 이루는 것이 중요하다.

이를 염두하고 실천한다면 당신은 호감형이 될 수 있다.

② 용모와
복장 체크리스트

집을 나서기 전에, 상대를 만나기 전에, 화장실에서 한 번씩 매무새를 살펴보자. 옷이 삐뚤어지지는 않았는지, 얼굴에 음식이 묻지는 않았는지, 머리가 헝클어지지는 않았는지, 손톱이 너무 길지는 않은지, 신발은 깔끔한지 등 용모·복장을 점검해 상대방에게 좋은 인상을 심어주자.

1) 남성

① 머리는 청결하며 단정하다.

② 앞머리나 구레나룻 길이는 적당하다.

③ 머리색이나 형태는 업무에 어울린다.

④ 피부는 청결하고 건강하다.

⑤ 치아는 깨끗하고 구취는 나지 않는다.

⑥ 면도는 말끔하다.

⑦ 코털이 나와 있지 않다.

⑧ 손과 손톱은 청결하다.

⑨ 셔츠와 바지는 구김과 얼룩이 없다.

⑩ 의류 주머니가 볼록하지 않다.

⑪ 양복과 셔츠 색상이 화려하지 않다.

⑫ 양복과 셔츠 색상이 잘 어울린다.

⑬ 바지 길이는 적당하다.

⑭ 넥타이는 삐뚤어져 있거나 느슨하게 매어 있지 않다.

⑮ 넥타이는 양복과 잘 어울린다.

⑯ 벨트 색상은 양복과 잘 어울린다.

⑰ 벨트 버클이 화려하지 않다.

⑱ 양말 색상은 적당하다.

⑲ 양말은 청결하다.

⑳ 구두는 깨끗하다.

㉑ 구두 굽은 닳지 않았다.

㉒ 구두 색상과 스타일은 업무에 적절하다.

㉓ 시계, 안경 등 액세서리가 화려하지 않다.

2) 여성

① 머리는 청결하다.

② 옆머리는 흘러내리지 않고 단정하다.

③ 앞머리는 눈을 가리지 않는다.

④ 머리색이나 형태는 업무에 적당하다.

⑤ 파마나 염색은 지나치게 화려하지 않다.

⑥ 피부는 청결하고 건강하게 보인다.

⑦ 치아는 깨끗하고 구취는 나지 않는다.

⑧ 색조화장은 화려하지 않고 적당하다.

⑨ 화장은 번지거나 뭉치지 않는다.

⑩ 복장이 너무 화려하지 않다.

⑪ 색상 있는 속옷이 비치지 않는다.

⑫ 상의와 하의에 구김이나 얼룩이 없다.

⑬ 소매와 목 부위는 깨끗하다.

⑭ 바지나 스커트 길이는 적당하다.

⑮ 스타킹 색상은 튀지 않고 적당하다.

⑯ 스타킹이 찢어지거나 구멍나지 않았다.

⑰ 손과 손톱은 청결하다.

⑱ 손톱 매니큐어 색상은 화려하지 않고 적당하다.

⑲ 손톱 길이는 길지 않다.

⑳ 구두는 깨끗하다.

㉑ 구두 색상과 굽 높이, 스타일은 업무에 어울린다.

㉒ 시계, 안경 등 액세서리가 과하지 않다.

전문가다운
복장 연출법

우리는 사람들이 입은 옷을 보고 그 사람의 모든 것을 평가하기도 한다. 단정하고 깔끔한 용모 · 복장은 품격까지 돋보이게 하며 사회생활에서도 좋은 인상을 준다.

1) 남성복

(1) 양복

① 체형에 맞는 색상, 옷감을 선택한다.

② 상의 길이는 엉덩이 부위의 굴곡을 가릴 만큼 길어야 한다.

③ 어깨에 가로세로 주름이 생기지 않았는지 확인한다.

④ 키가 작은 사람은 밝은 색상, 줄무늬 패턴을 선택한다.

⑤ 뚱뚱한 사람은 커다란 체크무늬 패턴은 피한다.

⑥ 바지 길이는 굽이 약간 보이는 정도로 양말이 보이지 않는 것이 좋다.

⑦ 바지 밑위는 높게 위치해야 편안하며, 허벅지는 여유가 충분해야 당김이나 주름이 생기지 않는다.

⑧ 뒷주머니에 소지품을 넣고 다니지 않는다.

⑨ 바지선은 잘 다려서 구김이 생기지 않게 한다.

(2) 드레스 셔츠

① 흰색 또는 옅은 색을 선택한다.

② 단추는 모두 채워야 한다.

③ 셔츠의 소재는 순면이 적합하며, 구김이 없어야 한다.

④ 공식석상에서 반소매셔츠는 착용하지 않는다.

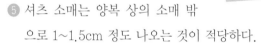

소매 밖으로 1~1.5Cm 정도 나오게 입는다.

⑤ 셔츠 소매는 양복 상의 소매 밖으로 1~1.5cm 정도 나오는 것이 적당하다.

⑥ 셔츠 길이는 양복 하의 밖으로 빠져나오지 않을 정도가 적당하다.

⑦ 화려한 디자인이나 패턴은 피한다.

(3) 넥타이

① 조끼를 입었을 때는 넥타이가 조끼 하단 밑으로 나오지 않아야 한다.

② 색상은 양복과 동일한 계열이 무난하다. 같은 색은 차분하고 단정한 인상을, 보색 계통은 활동적인 인상을 준다.

③ 타이에 얼룩이나 구김이 없어야 한다.

④ 매듭이 중앙에 와야 하며 느슨하지 않고 매듭 크기도 적당해야 한다.

(4) 벨트

❶ 색상은 양복 색상과 비슷하거나 어울리는 것으로 택한다.

❷ 버클은 심플한 것을 택하고 지나치게 요란한 무늬나 폭은 피한다.

(5) 양말

❶ 정장에는 실크 소재 양말이 어울린다.

❷ 색상은 구두와 같은 색이거나 진한 색을 택한다.

❸ 정장 착용 시 흰색 양말은 피한다.

❹ 발목 맨살이 보이지 않아야 한다.

(6) 구두

❶ 항상 청결해야 한다.

❷ 정장보다 어두운 색을 선택한다.

❸ 앞코가 과하게 뾰족하거나 뭉툭한 사각형은 피한다.

❹ 굽이 닳지 않았는지 확인한다.

❺ 구두 뒤축은 구겨 신지 않는다.

❻ 소재는 가죽이 적당하다.

2) 여성복

(1) 재킷

① 단순한 무늬나 단색을 선택한다.

② 어깨가 과한 것은 피한다.

③ 장신구가 지나친 것은 피한다.

④ 단추가 떨어졌는지 확인한다.

⑤ 실밥이 나와 있지 않아야 한다.

⑥ 움직임에 불편이 없도록 알맞은 사이즈로 입는다.

⑦ 주머니에 소지품을 넣어 볼록하게 보이지 않도록 한다.

(2) 블라우스, 셔츠

① 구김과 얼룩이 없어야 한다.

② 떨어진 단추가 있는지 확인한다.

③ 헤진 부분이 없어야 한다.

④ 상하의와 어울리는 색상과 스타일을 선택한다.

⑤ 무늬와 색상이 과하지 않아야 하며, 옅은 색이 좋다.

(3) 치마, 바지

① 지나치게 짧은 것은 피한다.

② 과도한 주름이나 화려한 색상과 패턴은 피한다.

③ 움직였을 때 심하게 퍼지는 폭이 넓은 치마는 피한다.

④ 치마 아랫단이 뜯어지거나 접혀 올라가지 않아야 한다.

⑤ 바지 폭이 과하게 넓지 않아야 한다.

(4) 스타킹

❶ 옷과 구두와 어울리는 색상이어야 한다.

❷ 무늬가 있는 것은 피한다.

❸ 올이 터지거나 찢어져 있지 않아야 한다.

❹ 실내에서 너무 두꺼운 스타킹은 피한다.

❺ 발목 부분에 스타킹이 내려와 주름지지 않았는지 확인한다.

❻ 하절기에도 반드시 착용해야 한다.

(5) 구두

❶ 항상 청결해야 한다.

❷ 복장과 조화를 이루는 색상을 선택한다.

❸ 굽이 과하게 높지 않은 것으로 선택한다.

❹ 굽이 닳지 않았는지 확인한다.

❺ 사무실에서 슬리퍼나 샌들로 바꿔 신지 않는다. 낮은 정장용 구두는 사용해도 된다.

❻ 구두 뒤축은 구겨 신지 않는다.

❼ 앞코가 과하게 뾰족한 모양은 피한다.

(6) 액세서리

❶ 장식이 많지 않은 심플한 것으로 착용한다.

❷ 과한 착용으로 산만해 보이지 않도록 한다.

❸ 나이와 신분에 맞게 착용한다.

(7) 가방

① 구두의 색과 통일하는 것이 좋다.

② 크기는 신체에 따라 알맞은 것으로 선택한다.

③ 전체 의상과의 조화를 고려하여 선택한다.

④ 목적과 장소에 알맞은 깔끔한 디자인을 사용한다.

④ 메이크업 연출법

① 펄과 검은색 색조화장은 피한다.
② 과하게 진한 화장도 곤란하지만 화장기 없는 맨얼굴이어서도 안 된다.
③ 향이 진한 향수와 화장품은 사용하지 않는다.
④ 색조화장 시 전체적으로 어울리는 색을 선택한다.
⑤ 피부타입을 정확히 파악하고 기초메이크업을 한다.
⑥ 얼굴과 목 경계가 두드러지지 않고 비슷해야 한다.
⑦ 아이라인은 번지지 않고 깔끔해야 한다.
⑧ 마스카라는 뭉치지 않고 깨끗하게 바른다.
⑨ 볼 화장은 자연스러워야 한다.
⑩ 입술화장이 치아에 묻지 않았는지 확인한다.
⑪ 복장에 어울리는 메이크업이어야 한다.

 자연스러운 눈썹 그리기

① 눈썹칼로 눈썹을 정돈한다.
② 눈을 뜬 상태에서 눈썹 산의 위치를 정한다.
③ 펜슬로 눈썹 꼬리 앞부분까지 곡선으로 그린다.
④ 눈썹산의 위치에서 45도 방향으로 윤곽선을 그린 후 아이브로 섀도로 빈 공간을 채운다.
⑤ 헤어컬러와 비슷한 아이브로 마스카라로 정돈한다. 이때 눈썹 앞부분은 위로, 나머지는 눈썹 결 방향대로 빗는다.

(1) 눈썹 메이크업

눈썹은 모양과 색상에 따라 인상이 달라 보인다. 얼굴형에 맞는 모양을 찾아 결을 가지런히 정돈하면 또렷하고 깔끔한 인상을 줄 수 있다.

선명하고 각지게 그리며 회갈색 아이섀도를 이용해 자신감 있게 나타낸다. 눈썹이 너무 진하면 강한 인상을 줄 수 있으므로 눈썹에 강약을 줘야 한다. 특히 눈썹 앞머리가 너무 진하면 고집이 세 보일 수 있다. 강하고 딱딱한 인상을 주는 화장은 피한다.

(2) 면접 메이크업

면접 시 첫인상은 몇 초면 결정난다. 이때 면접관에게 자신감 있고 당당한 사회인으로 이미지를 어필할 수 있는 면접 메이크업 포인트는 무엇이 있는지 살펴보자.

전체적인 메이크업 분위기는 선명하고 윤곽이 살아나는 또렷한 이미지를 연출하는 것이 좋다. 메이크업 강도는 부드러운 컬러감과 자연스러운 피부 표현으로 연출해야 하기 때문에 너무 진한 메이크업이나 유행에 따르는 메이크업은 피한다.

면접관 대부분은 연령대가 높기 때문에 유행하는 메이크업은 좋은 인상을 주기보다는 다소 자유분방한 젊은이로 인식될 여지가 있다.

(3) 피부 메이크업

잡티를 가리려고 화장을 두껍게 하기보다는 자연스럽게 잡티를 커버하면서 표현하는 것이 좋다. 이때 이마가 넓고 시원하게 보이는 것이 좋으며 눈 주위나 볼에 진한 색조화장은 피한다.

💄 피부 타입별 메이크업 순서

① 붉은 피부

녹색 베이스로 피부 톤을 정리한다.

② 창백한 피부

핑크색 베이스로 피부 톤을 정리한다.

③ 어두운 피부

보라색 베이스로 피부 톤을 정리한다.

💄 피부 타입별 베이스 컬러 고르기

① 건성 피부

순서 : 베이스 → 파운데이션 → 파우더

방법 : 베이스는 촉촉하고 가벼운 것으로, 파운데이션은

리퀴드 타입으로, 파우더는 투명하고 가벼운 것으로 사용한다.

② 지성 피부

순서 : 프라이머 → 파운데이션 → 파우더

방법 : 프라이머는 피지를 조절하고 모공을 가려주므로 가볍고 얇은

메이크업을 할 때 사용한다.

③ 복합성 피부

순서 : 베이스 → 부분적 프라이머 → 파운데이션 → 파우더

방법 : 어느 부분이 건성이고 어느 부분이 지성인지 파악한다.

베이스는 얼굴 전체에 얇게 바르고, 프라이머는 T존 부위에 사용해 모공

과 피지를 보완한다.

파운데이션은 피부 상태에 따라 알맞은 타입으로 사용한다.

(4) 아이 메이크업

진한 아이라인은 그리지 말자. 외꺼풀 진 눈을 더 크게 보이게 하려고 아이라인을 진하게 그리는 경향이 있는데, 결코 아이라인으로 눈의 크기는 수정되지 않는다. 따라서 진한 아이라인이나 아이섀도는 선명하고 또렷한 느낌보다 자연스럽지 못한 느낌을 준다.

 아이 메이크업 순서

아이섀도 → 아이라인 → 마스카라

(5) 립 메이크업

립 라인은 진하게 그리지 않는다. 립 메이크업은 중간 톤의 브라운-베이지 또는 오렌지—브라운, 인디언핑크 계열의 색상을 이용해 립 라인을 정확하게 그린다. 이때 입술의 양쪽 끝을 살짝 올려 웃는 상이 되게끔 표현하는 것도 좋은 방법이다.

(6) 볼터치 메이크업

볼터치 메이크업을 할 때 너무 직선적인 터치로 표현하면 날카로워 보일 수 있다. 둥글게 터치하는 것이 얼굴형을 원만하게 표현할 수 있다.

분홍빛 볼터치는 귀엽고 여성스러워 보이지만 면접 때는 삼가야 한다. 분홍빛으로 얼굴 중앙에 볼터치를 할 경우 귀엽고 여성스러운 이미지를 강조하게 돼 일하는 여성으로서 업무 능력이 저하돼 보일 수 있다는 단점이 있다.

한편 얼굴이 크다고 얼굴에 진한 브라운 볼터치를 하면 어색하게 보인다. 자연스러운 화장이 첫인상을 호감 있게 만들어준다. 볼터치로 얼굴형을 수정하기보다는 헤어스타일을 바꾸는 것이 얼굴을 작게 보이는데 효과가 있다.

 얼굴형별 볼터치 메이크업

① 각진 얼굴
밝은 색의 블러셔를 추천한다.
블러셔는 안에서 바깥쪽으로 아래에서 위로 밀어내듯이 바른다.
귓불 뒤부터 브러시로 동그라미를 그리면서 그러데이션을 준다.

② 둥근 얼굴
밝은 색 블러셔를 가장자리 쪽을 위에서 아래로 사선 방향으로 볼터치한다.

③ 역삼각형 얼굴
광대뼈 아래에 원을 그리듯이 살짝 볼터치한다.
양 볼에 하이라이터로 포인트를 주면 뾰족한 부분을 가릴 수 있다.

④ 긴 얼굴
안에서 바깥쪽을 수평으로 볼터치한다.
긴 얼굴을 짧아 보이게 하려면 턱 부분에 연하게 셰이딩을 넣어준다.

⑤ 헤어 연출법

머리는 깨끗이 손질하여 흘러내리지 않도록 헤어제품으로 고정해야 한다. 업무 중에 머리를 만지거나 계속 흘러내린다면 단정하지 못한 이미지를 줄 것이다. 짧은 머리일 경우 귀 뒤로 넘기어 고정하고, 긴 머리일 경우 하나로 묶어 정돈한다. 머리장식이나 염색, 파마가 지나치게 화려해서도 안 된다. 얼굴형과 피부색을 고려해 어울리는 스타일을 찾아보자.

1) 얼굴형별 헤어스타일

① 각진 얼굴

- 앞머리가 없는 긴 머리나 볼륨이 풍성한 파마를 추천한다.
- 옆머리가 뒷머리보다 길게 해서 턱 선과 광대뼈를 가려주면 얼굴이 작아 보이는 효과가 있다.
- 단발헤어나 묶음 머리는 각진 얼굴을 더 부각시키므로 피한다.

② 둥근 얼굴

- 보이시한 커트 단발이나 웨이브 있는 바람머리를 추천한다.
- 자연스러운 웨이브에 앞머리는 없거나 짧게 자르는 것이 좋다.
- 정수리 쪽에 볼륨을 주고 옆머리의 볼륨감은 없애야 갸름해 보이는 효과가 있다.

③ 역삼각형 얼굴

- 긴 머리를 권장한다.
- 굵고 자연스러운 웨이브 머리나 볼륨파마를 하면 얼굴이 작아 보이는 효과가 있다.
- 볼륨 있는 앞머리는 부드러운 인상을 준다.
- 짧은 머리나 올림머리는 턱을 부각시키므로 피한다.

④ 긴 얼굴

- 웨이브 단발을 추천한다.
- 앞머리를 내려야 얼굴이 작아 보이는 효과가 있다.
- 앞머리가 없다면 옆 가르마를 권장한다.
- 옆머리에 볼륨을 줘 얼굴에 딱 달라붙지 않도록 한다.

2) 헤어 연출 시 주의사항

(1) 남성

① 앞머리는 이마를 가리지 않아야 한다.
② 옆머리는 귀를 덮지 않는다.
③ 구레나룻은 길지 않게 손질한다.
④ 뒷머리는 들쭉날쭉하지 않고 목선이 보이는 길이가 적당하다.
⑤ 피부색보다 튀는 염색은 피한다.
⑥ 헤어제품을 과하게 사용하지 않는다.

(2) 여성

① 앞머리는 눈을 가리지 않아야 한다.

② 과하게 화려한 머리장식은 피한다.

③ 과한 파마나 튀는 염색은 피한다.

④ 머리가 흘러내리지 않도록 헤어제품으로 고정시킨다.

⑤ 긴 머리는 깔끔하게 뒤로 묶는다.

6 나만의 색을 찾는 컬러 진단

1) 나만의 컬러를 찾아라

누구나 길거리를 지나다가 마음에 드는 옷을 샀지만 집에와서 입어보니 어울리지 않아서 입지 않게 된 옷들이 한두벌씩은 있을 것이다. 과연 왜 그런일이 생기게 되었을까?

세상에는 참으로 많은 컬러가 있다. 하지만 사람마다 어울리는 컬러가 다르다는 것을, 그리고 그렇게 어울리는 색을 타고 난다는 것을 알고 있는가?

독일의 색채학자인 요하네스 이텐은 인간의 피부색을 자연의 4계절과 연결지어 설명했다. 인간의 타고난 컬러를 구분하는 요소는 크게 3가지가 있는데 바로 머리카락 색, 눈동자 색, 피부색 등이다. 그리고 이러한 기본 정보를 바탕으로 봄, 여름 가을, 겨울의 4계절로 자신에게 어울리는 컬러가 결정된다. 큰 틀로는 봄, 가을에 해당하는 따뜻한 느낌의 Warm 톤과 여름, 겨울에 해당하는 차가운 느낌의 Cool 톤 등으로 구분해 볼 수 있다.

자, 이제 자신의 이미지를 최상으로 꾸미는 가장 쉽고 효과적인 과정. 바로 자신만의 컬러를 찾는 방법을 배워보도록 하자.

2) Warm color 웜 컬러 와 Cool color 쿨 컬러

금색 천
Warm color 가 어울리는 사람

줄무늬 천
대표적인 Warm color 의 색상

 컬러진단 천을 활용할 경우 유의사항!

1. 화장을 하지 않은 맨 얼굴 상태일 것
2. 햇볕이 있는 자연광 상태가 좋음
3. 피부색이 **염색을 한**머리카락의 영향을 적게 받도록 흰색천으로 가려준다.
4. 다양한 컬러천을 얼굴 바로 아래 목에 갖다 대어서 피부색의 변화를 관찰한다.

색은 크게 한색과 난색으로 나뉘어지고 한색의 대표색은 파란색이고 난색은 노란색이다.

봄과 가을의 자연 이미지를 떠올려보자. 느낌이 어떤가? 그리고 봄가을의 자연색에 어떤 색이 들어가 있는 듯한 생각이 드는가? 쉽게 노란색이 들어간 것을 알 수 있을 것이다.

즉, 노란색이 많이 들어간 색은 '따뜻한 톤의 색상'이라고 말 할 수 있고, 파란색이 많이 들어간 색은 '차가운 톤의 색상'으로, 여름과 겨울은 시원한, 분명한 느낌으로써 색에 파란색이 들어가 있는 것을 볼 수 있다. 이처럼 기본색에 노란색, 혹은 파란색의 비율이 달리 들어감으로서 우리는 색에서 온도를 느끼게 된다. 같은 노란색이라 해도 개나리꽃의 노란색^{따뜻한} 색과 레몬의 노란색^{차가운} 색이 다른 느낌을 준다는 것은 다들 느낄 것이다.

은색 천
Cool color 가 어울리는 사람

줄무늬 천
대표적인 Cool color 의 색상

	Warm color	Cool color
피부톤	노란 느낌, 따뜻함	뽀얀/붉은 느낌, 차가움
머리카락 색	갈색	흑색
눈동자 색	밝은 빛이 도는 갈색	어두운 갈색

자신에게 어울리는 색의 옷을 입으면 피부도 더욱 생기 있어 보이고 아름답게 연출되지만, 어울리지 않는 색을 입으면 생기가 없어보이고 왠지 표정까지 어두워 보이곤 한다.

나만의 색을 찾는 컬러진단을 통해 얻을 수 있는 효과는 다음과 같다.

- 피부색이 맑아보이고 생기있어 보인다.
- 얼굴의 잡티와 주름살 등 단점이 눈에 덜 띄게 된다.
- 주위의 칭찬으로 자신감이 상승한다.

색상을 잘 연출한다는 것은 보다 매력적인 나를 어필하는 데 큰 도움을 준다. 사람을 처음 봤을 때 옷의 디자인보다 색상이 더욱 눈에 띄는 경향이 있기 때문에 조금만 신경써도 눈에띄게 달라진 모습을 연출할 수 있다.

참고로 검정, 흰색, 회색등의 무채색은 차가운 색에 들어간다. 하얀눈과, 회색 빛의 건물 등 은 따뜻하기 보다는 차가운 느낌을 준다. 이처럼 자연물과 사물이 주는 느낌과 색의 온도는 일치한다고 볼 수 있다.

자, 이제 나에게 어울리는 색을 찾아 더욱 매력적인 모습으로 나를 연출하자!

Warm color
화사하고 귀여운 봄 느낌의 사람

Cool color
부드럽고 우아한 여름 느낌의 사람

Warm color
분위기 있는 가을 느낌의 사람

Cool color
도시적인 세련미 겨울 느낌의 사람

MEMO

1. 남성의 경우 정장 착용 시 피해야 할 양말의 색깔은 무엇인가?

2. 여성의 경우 역삼각형 얼굴에는 짧은 머리와 긴 머리 중 어떤 헤어스타일이 단점을 보완할 수 있는가?

3. 독일의 색채학자인 '요하네스 이텐'은 인간의 타고난 컬러를 어떠한 3가지 요소로 구분했는가?

4. 나리꽃의 노란색과 레몬의 노란색 중에 어느 것이 차가운 컬러인가?

5. 밝은 빛이 도는 갈색 눈동자 색을 가진 사람의 경우 따뜻한 컬러와 차가운 컬러 중 어느 것이 더 잘 어울리는가?

MEMO

BUSINESS MANNER

GLOBAL ETIQUETTE

직장 매너

① 직장 예절

1) 근무자세

일이란 그 일을 맡은 사람의 마음가짐에 따라 가치 있는 것이 되기도 하고, 전혀 그렇지 않은 것이 되기도 한다. 조직 내에서 일어나는 일 중에 사소하거나 의미 없는 일은 하나도 없다. 따라서 모든 조직원은 맡은 바 임무에 충실하며 '내가 회사의 주인'이라는 마음가짐으로 성실히 근무 시간에 임한다.

개개인이 맡은 바 업무를 통해 조직과 사회에 기여한다는 자부심을 갖고 일을 한다면 자신의 삶의 가치 또한 높아질 것이다.

직무 = 책임 + 권한 + 책무
책임 = 권한 = 책무

● 권한 : 맡은 바 직무수행에 필요한 결정, 지시, 행동을 할 수 있는 권리이며, 이를 수행할 수 있는 지식 등을 포함한 개인의 능력을 말한다.

● 책임 : 자신의 능력을 최대한으로 발휘하고 주어진 임무를 수행해야 하는 개인의 의무에 대한 부분을 말한다.

● 책무 : 책임완수에 따른 설명, 보고, 해명의 의무를 뜻한다.

업무 3면 등가의 원칙

① 출근 시 매너

• 지각하지 않도록 여유 있게 출근한다. 출근시간은 적어도 15~30분 정도의 여유를 두고 준비하도록 한다.

• 업무 중에는 T.P.O에 적합한 바람직한 복장을 입는다.

• 눈이 마주치면 "내가 먼저"라는 마음으로 활기찬 아침 인사를 한다. 밝고 큰 소리로 내가 먼저 인사하는 것을 생활화하여 동료들에게 좋은 이미지를 줄 수 있도록 노력한다.

의복을 경우에 맞게 착용하는 것으로 시간(time), 장소(place), 상황(occasion)에 따라 패션업계가 마케팅 세분화 전략에 의해 강조한 것이다. 티·피·오에 의한 분류는 크게 편하게 일상생활에서 약식으로 착용할 수 있는 간편한 옷차림의 캐주얼 웨어와 사회인으로서 공식적인 자리에서 착용하는 오피셜 웨어로 나눌 수 있다.

T.P.O

- 혹시라도 사정이 생기거나 몸이 아파서 결근 시에는 본인이 직접 출근시간 이전에 연락하는 것이 직장인의 기본 예의이다.
- 사정이 생겨서 결근해야 할 상황이 생기면 상사에게 전화로 사과와 함께 이유를 설명한다. 무단결근은 금물이다.
- 결근 시 자신이 해야 하는 업무를 상사에게 보고하고 동료들의 협조를 얻어 신속하게 조치를 취함으로써 일에 방해가 되지 않도록 한다.

② 근무 중 매너

- 모든 사람에게 항상 예의 바르고 명랑하게 대한다.
- 조직의 분위기는 내가 만든다는 생각으로 쾌활하게 일한다.
- 근무 중 개인적인 잡담은 삼가도록 한다.
- 하루 1/3의 시간을 보내는 일터에서 갖는 마음자세는 개인의 행복과도 큰 연관이 있다. 직장을 사랑하고 자신의 일을 좋아하며, 사람들과 좋은 관계를 유지하는 것이 기본이다. 일터에서는 사명감을 갖고 최선을 다해 회사생활을 한다.
- 주어진 일만 하는 것이 아니라 모든 일을 스스로 찾아서 하고 자신이 한 일과 행동에 책임을 지는 조직에 꼭 필요한 인재가 될 수 있도록 노력한다.
- 친한 동료 사이일수록 예의가 중요하다. 언제나 예의가 기본이 된 관계를 유지하고 일터에서의 관계는 공과 사를 구분하도록 한다.
- 공동물품은 사용한 후 반드시 제자리에 두어서 사용에 불편함이 없도록 한다.
- 휴식시간의 구분을 명확히 해서 업무에 생산성을 높이도록 한다.
- 통행 중 상사를 만나게 되면 잠깐 멈춰선 뒤 가볍게 인사한다. 통행로가 좁을 경우에는 한편으로 비켜서서 상대가 먼저 지나갈 수 있도록 배려한다.

③ 외출할 때의 매너

- 외출 시에는 반드시 상사의 허가를 받는다.
- 자리를 비우더라도 업무에 지장이 없도록 업무 처리를 확실히 한다.
- 외근 시에는 행선지, 용건, 돌아올 시간 등을 상사에게 보고하고 예정 일정을 정확히 메모한다.
- 업무가 늦어질 시에도 회사에 연락을 하도록 한다.
- 외부 일정이 늦어져 바로 퇴근하게 될 경우에는 상사에게 꼭 보고한다.

④ 퇴근 시 매너

- 그날의 일은 가급적 그날에 마치도록 하며, 지시받은 업무를 끝내지 못해서 미처리된 일, 다시 해야 할 일은 상사에게 보고한 뒤 다시 지시받는다.
- 상사보다 먼저 퇴근해야 하는 경우에는 양해를 얻고 나가도록 한다.
- 근무시간 종료와 함께 바로 자리를 뜨는 것은 바람직하지 않다.
- 동료들이 일하고 있는데 혼자만 퇴근시간이라고 나가는 것은 팀워크를 저해하는 행동이다. 따라서 뭔가 도울 일은 없는지 물어보고 함께 일을 마무리 하도록 한다.
- 책상 위의 서류와 문서를 정리하고 사무용품, 서류 등은 지정된 장소에 위치하여 언제나, 누구든지 쉽게 찾을 수 있도록 마무리한다.
- 서류 및 사무용품은 제자리에 두고 정리하여 혹시 모를 상황에 대비하도록 한다.
- 다음날 예정된 업무는 퇴근 시에 미리 메모하여 그 다음날 바로 착수할 수 있도록 준비한다.

- 문단속이나 안전장치 점검, 컴퓨터나 전등 등을 소등하며 마무리 점검을 잊지 않는다.
- 퇴근 시의 인사는 "내일 뵙겠습니다.", "먼저 나가보겠습니다." 등이 좋다. 먼저 퇴근하는 사람에게는 "안녕히 가십시오." 등의 인사를 하도록 한다.

2) 직장 내 호칭예절

올바른 호칭은 직장예절의 기본 요소이다. 자신과 상대방의 나이, 직급 등 상황에 걸맞은 호칭을 정확하게 구사하여 보다 호감가는 모습을 보여줄 수 있도록 한다.

❶ 상급자에 대한 호칭

- 상사의 성과 직위 다음에 존칭을 붙인다.

  예 '이과장님' : 성을 모를 경우에는 직위에만 '님'을 붙이도록 한다.

- 상사에게 자신을 지칭할 경우, "저" 또는 성에 직위만 붙인다.

  예 "권대리입니다. 혹시 지금 시간이 있으십니까?"

❷ 하급자 또는 동급자에 대한 호칭

- 하급자와 동급자에게는 성과 직위 또는 직명으로 호칭하는게 보통이다.

  예 "오대리! 서류는 마무리 되었습니까?"

- 동급자인 경우에는 이름을 부르는 것보다는 '○○씨'라는 칭호가 적당하다.
- 아래 직원이나 동료들 간에 자신의 호칭은 '나'를 사용한다.

③ 상급자에게 타 상급자 호칭

- 차장이 사장 옆에서 부장의 지시를 보고할 때
  : "홍부장님이 지시한 일을 보고드리겠습니다."

④ 틀리기 쉬운 호칭

- 문서상에서는 상사의 존칭을 생략한다.
  : '부장님 지시' ➡ '부장 지시'문서상
- 상사에 대한 존칭은 호칭에만 쓴다.
  : '회장님실' ➡ '회장실'

3) 상급자에게 타 상급자 호칭

　지칭 대상이 말하는 사람보다 상급자인 경우, 듣는 사람의 직위와 나이를 고려하여 '총무과장이', '총무과장님이', '총무과장께서', '총무과장님께서' 가운데 어떤 것을 써야 할지 또 '하시었'이라고 해야 할 것인지 '했'이라고 할 것인지를 결정하기 어렵다.

　듣는 사람이 지칭 대상보다 윗사람이거나 듣는 사람이 회사 밖의 사람인 경우에 '총무과장이 이 일을 했습니다.'처럼 말해야 한다고 잘못 알고 있는 사람들이 있고, 또 사원들에게 이렇게 말하도록 교육하는 회사도 있다. 그러나 이러한 직장에서의 압존법은 우리의 전통 언어 예절과는 거리가 멀다.

　윗사람 앞에서 그 사람보다 낮은 윗사람을 낮추는 것이 가족 간이나 사제 간처럼 사적인 관계에서는 적용될 수도 있지만 직장에서 쓰는 것은 어색하다. 따라서 직장에서 윗사람을 그보다 윗사람에게 지칭하는 경우, '총무과장님께서'는 곤란하여도, '총무과장님이'라고 하고, 주체를 높이는 '-시-'를 넣어 '총무과장님이 이 일을 하셨습니다.'처럼 높여 말하는 것이 언어 예절에 맞다.

'압존법'은 말하는 이보다는 윗사람이지만 말을 듣는 이보다는 아랫사람인 주체에 대해 높인 정도를 낮추는 표현법이다.

가정'에서는 아버지를 할아버지께 말할 때. '할아버지, 아버지가 진지 잡수시라고 하였습니다.'처럼 아버지에 대해서는 높이지 않는 것이 전통이고 표준 화법이다. 그러나 현재는 아버지보다 윗 분에게도 아버지를 높이는 것이 일반화되어 가고 있는 현실을 인정하여 '할아버지, 아버지가 진지 잡수시라고 하셨습니다.'와 같이 아버지보다 윗사람에게도 아버지를 높여 말하는 것도 허용하고 있다.
압존법이 폐지된 것은 아니지만 가정 외에. 직장 등 사회생활에서는 압존법을 쓰지 않는 것이 올바른 표현이다.

보기를 들어. 직장에서 평사원이 사장님 앞에서 부장님에 대해서 말할 때. 듣는 사람이 비록 부장님보다 더 높은 사람이지만, '사장님, 이것은 부장님이 만드셨습니다.'와 같이 말하는 것이 바람직하다.

[출처: "표준 언어 예절"(국립국어원, 2011.)]

4) 상급자에 대한 예절

- 상사로부터 신뢰를 받으려면 조직의 문화를 이해하고, 상사를 이해하며 존경하는 태도를 가지는 것이 기본이다. 조직생활을 하면서 자신의 할 일은 다하지 않고 불평을 말하는 사람들이 있는데 이는 바람직하지 않은 행동이다.

- 신입사원이 습관적으로 많이 하면 좋은 말은 "제가 하겠습니다!"와 상사에게 지시받은 후 "제가 더 도움드릴 일은 없을까요?", "혹시 또 다른 지시사항은 없으십니까?" 등이다. 이러한 적극적인 표현을 통해 보다 조직 내에서 주도적인 인재로 인식되고 성장할 수 있다.

- 상사가 자신에게 지시한 일은 스스로 해내기 위해 노력한다. '누군가는 하겠지'라는 안일한 생각이 조직의 생산성을 떨어뜨린다. 자신의 일을 타인에게 맡기지 말자.

- 조직생활을 하면서 늘 조심해야 하는 것은 태도이다. 어떤 경우라도 상사 앞에서 흐트러진 모습을 보이지 않으며 언행에 주의한다.
- 상사와의 대화 시, 혹은 조직 내에서 업무적인 대화 시에는 바른 말을 사용한다. "말은 곧 인격"이라는 말을 명심하도록 한다.

5) 하급자에 대한 예절

- 상사는 스스로 모범이 되어 솔선수범 해야 한다
  '솔선수범'은 부하직원을 따르게 하는 통솔력이 된다는 것을 명심하자.
- 말씨는 상대의 연령에 따라 '하시오', '하오.' 나이가 현격히 차이가 날 때, '하게', '해'라는 어휘를 사용한다.
- 하급자라도 먼저 보면 인사를 한다.
- 하급자가 마음이 편하도록 해준다.
- 부하직원에게 주의를 기울일 때는 감정을 자제하고 객관적인 감정상태에서 말을 한다.
- 부하직원에게 주의를 줄 경우 둘이서만 만날 수 있는 장소를 선택해야 한다.
- 다른 사람과 비교하는 일은 삼간다.
- 상사는 "수고했어", "잘했어" 등 칭찬과 격려를 아끼지 말아야 한다.
- 자신이 저지른 과오를 부하직원에게 전가시키는 것은 금물이다.
- 부하직원의 인격을 존중하며 사적인 심부름은 삼가야 한다.
- 상사는 항상 부하직원이 최대한 창의력을 발휘하여 일할 수 있도록 분위기 조성에 힘써야 한다.
- 하급자에 대한 관심과 사랑이 편중되지 않도록 주의한다.

② 상사에게 사랑받는
보고의 원칙
– 지시와 명령을 받아들이는 Best Key

1) 지시받을 때의 요령

- 상급자의 지시를 받을 경우에는 필기도구를 준비하여 지시를 경청하고 요점을 복창한 뒤 기록한다. 지시를 받을 때에는 상사의 말을 가로막지 말고 끝까지 잘 듣는다.

- 지시받은 일의 목적과 지시자의 생각, 회사의 내부 방침 등도 확실히 파악한다.
- 지시는 육하원칙에 의하여 정확히 기록하고 의문 나는 점은 다시 질문하며 정확히 확인하고 업무를 수행하도록 한다.
- 다른 부서의 상급자로부터 지시를 받은 경우에는 자신의 직속 상급자에게 내용을 반드시 보고한다.
- 지시 내용 중 의견이 있을 때는 근거가 되는 자료나 사실을 확실히 조사한 뒤 상사에게 의견을 진술하고, 그 다음에 다시 상급자의 지시를 받도록 한다.
- 지시받은 것은 반드시 실행에 옮기도록 한다.
- 일의 목적과 처리방법에 주의한다.
- 상사의 지시사항을 바로 실행할 수 없을 경우에는 이유를 설명한 뒤 상사의 결정이나 우선순위를 따른다.

비즈니스 매너와 글로벌에티켓

- 자신의 능력으로 상사의 지시 내용을 수행할 수 없는 상황에서는 솔직히 상사에게 보고해서 해결방안을 모색하도록 한다.
- 실행된 결과를 검토하고 확인하여 실수 없이 마무리 한다.
- 실행에 옮긴 결과를 시기에 맞춰 충실히 보고한다.

2) 보고할 때의 요령

- 모든 업무는 보고가 끝남으로써 마무리 되므로 지시받은 내용을 완료한 즉시 보고한다. 보고가 끝나면 상사의 지시사항이나 의견을 기록해서 보관하는 것이 좋다.
- 보고 내용과 자신의 의견은 확실히 구분한다.
- 지시받은 일이 끝났을 때에는 그 결과를 반드시 보고해야 한다.
- 지시를 받고 나면 상사의 요구사항이 무엇인지를 정확히 파악하고 일의 중요도를 확인해서 진행 순서를 정한다.
- 만약 일의 진행과정이 복잡하여 시간이 걸릴 때에는 중간보고를 하여 진행상황을 알린다.
- 결론을 먼저 말하고 과정은 나중에 설명하는 **두괄식 스피치**를 사용한다. 한국 사람들은 결론을 마지막에 이야기하는 미괄식에 익숙해 있지만 지시한 사람이 제일 궁금해 하는 것은 지시된 일의 결과이다. 따라서 언제나 결과를 먼저 보고하도록 한다.

- When   언제
- Who   누가
- Why   왜
- How many   어느 정도

- Where   어디서
- What   무엇을
- How   어떻게
- How much   얼마나

메모의
5W 3H 법칙

비즈니스 현장에서 가장 중요한 것은 '정보의 정확한 전달'이다. 그러므로 실수를 미연에 방지하기 위해서도 위의 법칙을 기억하는 것이 좋다. 특히, 지명이나 인명 등의 고유명사와 숫자, 금액, 날짜, 시간 등을 정확히 기록한다.

PREP
(완벽 스피치를 위한
PREP 법칙)

- P(Point) : 핵심 메시지

- R(Reason) : 이유

- E(Example) : 근거나 사례

- P(Point) : 핵심 메시지

- 보고 순서는 결론, 이유, 경과 그리고 소견 순으로 사실에 입각한 객관적인 보고를 한다.

- 지시를 받고 한 일은 반드시 지시한 사람에게 보고하는 것이 원칙이다.

- 보고의 내용이 복잡할 때는 문서로 작성해서 함께 보고하여 오류를 줄인다.

- 직장 안에서 일어난 일에 대하여는 지시한 일이 없더라도 그때그때 알릴 필요가 있는 사람에게 알리는 것이 센스 있는 직원의 태도라 할 수 있다.

- 왼쪽에 있는 PREP은 논리 스피치에서 가장 많이 활용되는 기법이다. 프렙의 활용은 다음과 같다. 예를 들어 "사업을 추진하는게 좋겠습니다"라고 말하면 상사는 당연히 타당한 근거를 물어올 것이다. 이때 자신의 주장을 뒷받침 할 수 있는 근거를 제시하는 프로세스로 활용하기 쉬운게 바로 PREP이다.

- 주장 이후에 나오는 근거는 구체적인 데이터에 기반하고 예시를 함께 들어 주는데 이 예시를 통해 주장에 대한 신뢰성을 높일 수 있다. 상사가 주장의 근거를 받아들여 수긍한다면, 마지막으로 다시 한번 결론을 상기시키며 마무리 한다. 이 PREP 기법은 고구레 다이치가 쓴 "횡설수설하지 않고 정확하게 설명하는 법"이라는 책에서 제시한 내용으로 현재 스피치의 기본 원칙으로 많이 활용되고 있다.

3) 보고할 때의 자세

- 상사의 책상에서 조금 떨어진 측면에서 보고한다.

- 책상이 없는 경우에는 더 멀리 떨어진 곳에서 보고한다.

- 가까이 서야 할 경우 양해를 구한 뒤 다가가서 보고한다.

- 이메일 등 전자문서로 보고 할 경우에도 반드시 상사에게 다가가 송신 여부를 알리도록 한다.

③ 상황별로 배워보는 직장 매너

1) 고객과의 동행 시 안내법

- 고객과 동행하며 안내할 경우, 안내는 앞에서 수행은 뒤에서 한다. 안내 시에는 고객의 바로 앞에 서지 않고 1~2걸음 대각선 방향에서 비스듬히 걸어가며 안내한다.
- 안내 시에는 미소를 띠고 가끔 뒤돌아보며 고객의 걸음과 속도를 맞춘다.

2) 방향안내

- 손가락을 모두 모아 손바닥을 위로 하여 가리키되, 먼 곳을 가리킬 때는 손바닥을 수직으로 세워 공손한 느낌을 전하도록 한다. 손가락으로 방향을 가리키지 않도록 주의한다
- 거리는 보통 팔꿈치의 각도로 나타낸다. 거리가 먼 곳을 가리킬수록 팔꿈치의 각도를 크게 한다.
- 동작은 너무 빠르거나 느리지 않고 절도 있게 한다.
- 시선은 3점법을 지키도록 한다. 방향을 가리킬 때 손과 눈의 방향이 일치하지 않게 되면 어색한 느낌이 든다. 고객의 눈 → 가리키는 곳 → 다시 고객의 눈

가까운 곳 안내

먼 곳 안내

3) 계단으로 이동 시

- "2층입니다."라고 먼저 안내말을 하며, 고객이 계단의 난간쪽으로 걸을 수 있도록 배려한다.
- 올라갈 때는 뒤에서, 내려갈 때는 앞에서 걸어 고객보다 높은 위치가 되지 않도록 한다.
- 안내자가 앞서는 것이 원칙이지만, 여성의 경우고객이든 안내자이든 내려올 때 여성이 앞서도록 한다.

4) 엘리베이터

- **안내원이 있는 경우**   직급이 높은 순으로 탑승한다.
- **안내원이 없는 경우**   하급자가 먼저 타서 조작하고 제일 나중에 내

린다안내원이 없을 경우는 손으로 문을 누르고 윗사람을 먼저 태우고 내릴 때는 버튼을 누른 채 윗사람을 먼저 내리게 한다.

- 엘리베이터의 상석은 엘리베이터 내 조작 단추의 대각선 안쪽 위치이다.
- 엘리베이터에서는 비스듬히 서서 윗사람의 시야를 가리지 않도록 배려한다.
- 엘리베이터 사용 시에는 여성이 먼저 타고 내릴 수 있도록 한다.

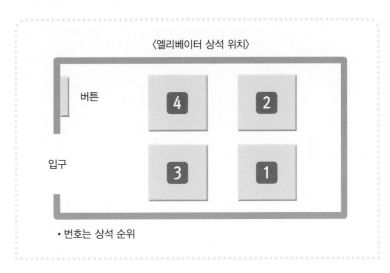

〈엘리베이터 상석 위치〉

버튼

입구

4   2

3   1

• 번호는 상석 순위

5) 에스컬레이터

- 내려올 때는 안내자가 앞에 서고, 올라갈 때는 고객을 앞에 세우고 이동한다.

6) 문

- **회전문**   고객이 먼저 통과한다.
- **밖으로 미는 문**   안내자가 손잡이를 앞으로 당겨 내방 고객이 먼저 들어가게 안내한 후 뒤따라 들어가며 소리 나지 않게 살며시 문을 닫는다.
- **안으로 당기는 문**   안내자가 문을 열고 먼저 들어간 다음 손잡이를 잡고 고객이 들어오도록 안내한다.

7) 승용차 매너

- **승용차** 운전사가 있는 차에서는 운전사와 대각선의 뒷좌석이 1등, 그 옆이 2등, 운전석 옆자리가 그 다음이며 4명이 탈 경우에는 뒷좌석 가운데가 말석이다. 동행자가 직접 운전할 때에는 운전자의 오른쪽 좌석에 나란히 앉아 주는 것이 바람직한 매너이다.

- **버스** 운전기사의 뒷쪽 창문자리가 상석이다.

🚗 자동차 상석 위치

| 뒤 |
| 1 | 4 | 2 |
| 3 | 운전자 |
| 앞 |

| 뒤 |
| 2 | 4 | 3 |
| 1 | 자가 운전 |
| 앞 |

운전자가 있는 경우(택시)

운전사 대각선[1]이 상석
조수석[3]이 말석

자가 운전(상사, 사원)

상사가 운전할 때에는 상사의
바로 옆자리 조수석[1]이 상석

8) 술자리 예절

- 연장자나 상사로부터 술을 받을 때는 두 손으로 받으며 왼손을 가볍게 술잔에 댄다.
- 술을 따를 때는 술병의 글자가 위로 가게 오른손으로 잡고 왼손으로 받쳐 정중한 자세로 술을 따라 권한다.
- 상사와 합석한 술자리는 근무의 연장이라 생각하고 예의바른 행동을 보인다.
- 경영방침이나 특정 인물에 대하여 비판하지 않는다.
- 상사나 동료의 험담을 험담을 늘어놓지 않는다.
- 과음하거나 자기의 지식을 장황하게 늘어놓지 않는다.

MEMO

1. 직무는 무엇을 말하는가?

2. 직장내 근무자세는 크게 4가지로 나뉜다. 구분해보시오.

3. 보고의 원칙 중 5W 3H는 무엇을 말하는가?

4. 고객에게 방향을 안내할 때는 손과 눈의 방향이 일치하도록 돕는 시선 법칙은 무엇인가?

5. 다음은 비즈니스 고객응대 중에서 어떤 상황에 대한 설명인가?

올라갈 때는 뒤에서, 내려갈 때는 앞에서 걸어 고객보다 높은 위치가 되지 않도록 한다. (안내자가 앞서는 것이 원칙이지만 여성의 경우 내려올 때 여성이 앞서도록 한다.)

MEMO

매너가 행복한 사무실을 만든다?
직장인이라면 꼭 지켜야 할 에티켓 체크리스트

 당신의 오피스 매너는 몇 점인가요?

여러분이 생각하는 '직장생활 하면서 가장 힘든 점'은 무엇인가요?

실제로 직장인 10명중 8명이 매너 없는 동료 때문에 불쾌함을 느낀다는 설문조사가 나오는 것을 보면 사무실 매너의 중요성을 알 수 있습니다. '내가 혹시 나도 모르게 사람들을 불편하게 만드는 것은 아닐까?' 우리 한번 사무실 체크리스트를 확인해 봅시다.

직장인 노매너 1. 책상에서는 일만 합시다!

사무실 내 자리에서 음식을 먹는 행동은 주변에 냄새가 퍼져 동료를 불쾌하게 합니다. 그 뿐만 아니라 포장을 뜯는 부스럭 소리, 음식을 씹고 삼키는 소리 등 귀에 거슬리는 소음까지 만들어내 동료의 업무를 방해할 수 있습니다.

직장인 노매너 2. 잠깐의 수다는 OK. 그러나 너무 큰 목소리는 안돼요.

직장인 노매너 3. 아름다운 사람은 머문 자리도 아름답다는데 ..... 내 자리는?

여러 사람이 공동으로 사용하는 사무실이야말로 화장실 못지 않게 뒷정리를 철저히 해야 합니다.

회의실 이용 후 꼭 지켜야 할 3가지

1. 회의실 사용 후 의자는 제 자리에 넣습니다
2. 사용한 PC, 디스플레이 기기 등은 깔끔하게 정리해 주세요
3. 회의 중 다과를 먹었다면 부스러기나 뒷정리는 깔끔히 합니다.

직장인 노매너 4.

불쾌지수가 높아지는 여름! 담배 냄새는 흡연자들조차도 싫다고 할 정도로 독하기에 주변의 비흡연자를 위한 탈취는 꼭 필요합니다. 흡연 후 탈취제를 뿌리거나, 잠시 밖에 머무르며 담배 냄새를 뺀 후 들어와 주세요
그 밖에 땀 냄새나 과한 방향제품도 주변인들에게는 피해가 갈수 있으니 주변 동료의 취향과 의견을 고려해서 은은하게 사용해 주세요.

내가 혹시 사무실 공공의 적은 아닐까?
사무실에 에티켓 체크리스트

- 책상에서 음식을 자주 먹는다
- 평소 음식을 먹을 때 소리를 낸다(쩝쩝, 호로록 등)
- 담배를 피운 후 냄새를 빼지 않고 자리로 돌아온다
- 옆 자리 동료가 뭐 하는지 궁금해서 모니터를 훔쳐본 적이 있다
- 다리를 떠는 습관이 있다
- 생각에 잠기다 보면 나도 모르는 사이 책상을 두드리는 등 소리를 낸다
- 책상에 향이 강한 디퓨저나 향초가 있다
- 동료가 자리를 비운 사이 그 책상에서 사무용품을 가져온 적이 있다
- 옆자리(혹은 앞 자리) 동료와 친해 자주 자리에 앉아서 얘기를 나눈다
- 휴게공간, 회의공간 등 공용공간을 사용한 후 뒷정리를 하지 않는다
- 사무실 안에서 개인 통화를 하는 경우가 많다
- 지각이 잦다(주 2회 이상)
- 출근시간이나 점심시간을 잘 안 지키는 편이다

YES |'아직은 괜찮아요.'

3개 이하   그래도 아직은 매너 있는 회사 생활을 하고 계시네요. 그러나 자칫하면 동료들에게
불편함을 주는 사람이 될 수 있으니 조심합시다. 작은 습관들은 지금부터 의식적으
로 고쳐주세요.

YES |'귀가 간지럽지 않으세요?'

4~7개   주변에서 당신의 매너없는 행동에 대해 얘기하기 시작하는 단계입니다. 당신은 별거
아니라고 생각하겠지만 사실은 아니에요. 그래도 아직 늦지 않았습니다. 하나씩 고쳐
나가세요.

YES |'당신은 이미 노매너입니다.'

8개 이상   회사 생활 잘 하고 계신가요…? 이미 당신은 회사 내에서 공공연한 노매너 동료 명단
에 올라 있습니다. 당신의 행동 하나하나가 주변 동료들에게 얼마나 큰 스트레스 요인
이 되는지 본인만 모르고 있는 수준이지요. 그래도 아직 당신 주변에 당신을 좋아해주
는 이들이 남아있다면, 이들을 위해서라도 본인의 행동을 고칠 필요가 있습니다.

퍼시스 홈페이지 참고: http://blog.fursys.com/201606-05-officemanner/

MEMO

BUSINESS MANNER

GLOBAL ETIQUETTE

고객응대와
접대

고객 서비스의 이해

1) 서비스의 정의

'서비스란 무엇입니까?' 이렇게 질문을 받으면 대부분의 사람들은 친절과 미소 등 단편적인 서비스의 한 부분만을 이야기할 것이다. 하지만 현대적 의미에서 서비스에 대한 정의는 많은 학자들이 내린 정의만큼이나 복잡하다.

서비스는 어원상으로 볼 때 servitude, 즉 노예상태를 의미하는데 이것으로 보아 서비스는 최초에는 노예들이 주인이나 권력자의 이익을 위해 자기 자신을 희생하는 자기희생의 의미로 사용되었음을 알 수 있다.

AMA의 정의를 비롯한 여러 학자들의 정의를 살펴 보면 다음과 같다.

- **❶ AMA**[1960] 판매를 위해 제공되거나 상품의 판매와 관련하여 준비되는 제반 활동, 편익, 만족

- **❷ Regan**[1963] 직접적으로 만족을 창출하거나 상품 또는 서비스를 구입할 때 결합하여 만족이 창출되는 무형의 것

- **❸ Bessom**[1973] 소비자에게 판매를 통해 제공되는 가치 있는 편익이나 만족을 제공하는 행위, 즉 소비자 자신이 직접 행할 수 없거나 수행할 기회가 없는 행위

④ **Kotler**[1991] 서비스란 한 부문이 다른 부문에게 제공하는 활동 혹은 편익으로서 본질적으로 무형이며 따라서 소유할 수 없다. 서비스의 생산은 유형적 제품과 연관될 수도 있고 안 될 수도 있다.

⑤ **Payne**[1993] 서비스는 무형적 요소를 가지고 있는 활동이며, 고객과의 상호작용 혹은 소유권과의 상호작용과 관련되나, 본질적으로 소유권의 이전은 이루어지지 않는다. 상태의 변화가 일어날 수도 있으며 서비스의 생산은 물리적 제품과 밀접히 관련될 수도 있고 그렇지 않을 수도 있다.

2) 서비스의 특징

소멸성Perishability

- 서비스는 재고 형태로 보존할 수 없다.
- 곧, 즉시 사용되지 않으면 사라진다.
- 서비스는 소멸하기 때문에 수송이 불가능하다.

비분리성Inseparability

- 서비스는 생산과 소비가 동시에 일어난다.
- 생산과 동시에 소비되기 때문에 소비자의 서비스 생산 과정 참여가 빈번히 일어난다.

서비스의 특징

이질성Heterogeneity

- 서비스 생산과 분배 과정에 사람이 개입하기 때문에 유형 제품처럼 동질적일 수가 없다.
- 서비스 이질성 때문에 고객 제공 서비스의 표준화가 어렵다.

무형성Intangibility

- 서비스는 추상적이며 만질 수 없다.
- 서비스의 가치를 파악하거나 평가하기가 어렵다.

② 놓치기 쉬운 고객응대 프로세스

1) 고객응대의 기본

회사의 이미지는 방문객이 회사를 방문하는 순간 결정난다고 해도 과언이 아니다. 그러므로 방문객에 대한 응대는 내가 우리 회사의 대표라는 마음가짐으로 누구에게나 정중하고 친절한 모습으로 최선을 다해야한다. 진심으로 환영하는 따뜻한 마음으로 서로 소개인사를 하며, 안내할 장소는 미리 알려주는 것이 좋다.

만약 사무실로 손님이 방문했다면 하던 일을 멈추고 일어나서 인사한뒤 방문 목적을 물어보며 반갑게 맞이하는 것이 예의이다.

2) 방문한 고객맞이

"안녕하십니까? 무엇을 도와드릴까요?"가 기본 인사로, 손님의 방문목적에 따라 신속한 처리를 도와드릴 수 있도록 하며, 말과 행동에는 고객을 존중하는 마음을 담아야 한다. 자신의 신분을 밝히지 않은 손님인경우는 정중하게 여쭤보고 명함을 받았을 경우에는 회사의 이름과 직함, 이름 등을 확인 후 안내한다.

용건은 신속하고 정확하게 처리하며, 선약이 되어 있는지와 용건에따라 당사자에게 안내를 해도 좋을지 판단하도록 한다.

고객의 용건을 처리하는 데 시간이 걸린다면 차를 대접한다든가 잡지 등을 권하며 편안하게 기다릴 수 있도록 배려한다.

만약 안내를 직접 할 수 없는 경우에는 전화로 해당 담당자에게 고객의 성함과 방문 목적을 알린 뒤 다른 동료에게 부탁해 방문객의 안내를 돕도록 한다.

3) 방문객 안내

❶ 즉시 안내할 경우

- 선약이 된 경우에는 미리 준비된 장소로 안내한다.
- 선약이 되어 있지 않은 경우에는 상사의 지시에 따라 안내한다.
- 복도로 안내할 때에는 1m 쯤 앞에서 걸으며 안내하며 '이쪽입니다' 라고 손으로 방향을 알려주며 고객과 속도를 맞추어 이동한다.

❷ 당사자가 통화 중이거나 회의 중으로 바로 만나기 어려운 경우

- 손님에게 양해를 구하고, 당사자에게는 손님이 오셨다는 메모를 전달한다.

❸ 담당자가 부재 중일 경우

- 당사자가 돌아오는 시간이 예정되어 있는 경우에는 손님에게 알려주고 괜찮으신지 양해를 구한다.
- 손님에게는 상석을 권유한다. 상석은 출입구에서 가장 멀리 떨어진 곳으로 전망이 좋은 곳이다. 응접실의 경우라면 긴 의자의 안쪽을 권한다.

- 차나 음료 등을 권하고, 기다리는 동안 볼 사보나 잡지, 혹은 책 등을 준비해 준다.
- 담당자를 대체해서 용건을 해결해도 되는지에 대해 양해를 구한다.

④ 방문객이 방문 부서를 찾지 못하여 머뭇거리고 있는 경우

- 회사의 방문객을 맞이하는 것은 담당자가 따로 있는 것이 아니다. 내가 회사의 주인이라는 마음으로 방문한 고객을 적극적으로 따뜻하게 맞이한다.
- 환하게 웃으며 무슨 일로 오셨는지, 어느 부서의, 누구를 찾아오셨는지 확인한 후 안내하거나, 안내를 할 수 없을 경우에는 전화로 해당자에게 연락을 해주고 방문객에게 찾아갈 곳을 알려주도록 한다.

⑤ 다과 서비스 요령

- 쟁반은 왼손에 들고 오른손을 이용하여 노크한다 회의 시작 시에는 노크하지 않는다.
- 가볍게 목례 후 입실
- 쟁반은 하급자의 좌측 끝에 내려 놓는다.
- 차를 드리는 순서는 내방객 상급자에서 자사 상급자 순이다.
- 손님의 오른편에 서되, 차는 우측, 다과는 좌측에 놓는다.
- 찻잔은 테이블 끝 10cm 정도에 놓는 것이 적당하다.

4) 배웅

전송 시에는 "찾아주셔서 감사합니다." 등의 인사로 방문하신 것에 대한 감사의 마음을 담아 따뜻하게 배웅한다. 배웅 시에는 엘리베이터나 현관 앞까지 배웅하는 것이 보통이며 이는 상황에 따라 결정한다. 주차권 확인이나 교통편을 여쭤보는 것도 손님을 배려하는 한 부분이다. 보관품이 있는 경우에는 잘 체크해 놓았다가 손님에게 전달하도록 한다.

③ 불만고객 응대법

1) 불만고객의 원인

고객불만으로 인해 고객이 이탈하게 되는 원인은 얼마나 될까? 미국 품질관리학회에서 그 원인을 분석해 본 결과 여러 가지 이유 중 1위를 차지한 것은 바로 인적 서비스에 대한 것이었다. 그만큼 고객의 만족과 불만족에 있어서 직원의 응대태도가 중요한 영향을 미친다는 것을 알 수 있다.

미국 월마트의 아성에 도전하는 독일의 할인점 ALDI의 대표였던 칼 알브레히트Karl Albrecht는 그의 저서인 「서비스 아메리카」에서 서비스업에서 공통으로 발견되는 종업원의 응대태도 불량을 7가지로 정리하였다.

❶ 무관심apathy

나와는 관계없다는 식의 태도

고객이 다가와도 쳐다보거나 적극적으로 응대하지 않는 행위

❷ 무시brush-off

고객의 요구나 문제를 못 본 척하고 고객을 피함으로써 고객의 기분을 상하게 하는 일

❸ 냉담coldness

고객을 귀찮아하며 통명스럽게 대하고, 친근하지 않은 모습을 보임으로써 고객을 당황하게 만드는 일

④ **생색** condescension

낯설어하는 고객에게 생색을 내거나 어딘지 모르게 건방진 태도를 보이는 것

⑤ **로봇화** robotism

직원이 완전히 기계적으로 응대함으로써 고객의 개인사정에 맞는 따뜻함이나 인간미를 전혀 느낄 수 없는 태도

⑥ **규정핑계** rule book

고객만족보다는 조직의 내부 규정을 앞세우기 때문에 예외를 인정하지 않아 융통성이 부족한 경우

⑦ **'뺑뺑이' 돌리기** runaround

"죄송합니다만, ○○으로 다시 걸어주십시오. 여기는 담당이 아닙니다." 식으로 고객을 뺑뺑이 돌리는 행위

2) 클레임 claim 과 컴플레인 complain

고객이 불만을 표현하는 것은 그 원인에 따라 크게 클레임과 컴플레인으로 구분할 수 있다.

클레임은 어느 고객이든 제기할 수 있는 객관적인 문제점에 대한 고객의 지적이며, 불만사항에 대한 수정사항 및 배상요구의 의미가 더해진 것을 뜻한다.

이에 비해 컴플레인은 고객의 주관적인 평가로, 불만족스러운 서비스에 대한 불평을 전달하는 것을 의미한다. 즉, 고객의 감정이 개입된 것으로 직원의 태도가 불친절하다고 지적하는 것을 그 예로 들 수 있다.

동일한 문제 상황에 처해 있다 하더라도 클레임으로 발생하느냐 컴플레인으로 이어지느냐는 고객성향에 따라, 예기치 못한 상황에 따라 발생한다. 때문에 문제가 발생하면 적재적소에 따라 빠른 시간 내에 해결함과 동시에 직원이 진심으로 사과하는 마음을 전달해야 한다.

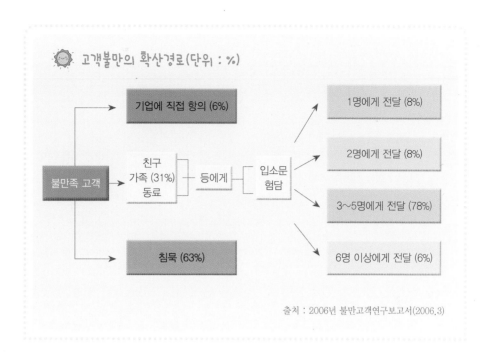

고객불만의 확산경로(단위 : %)

기업에 직접 항의 (6%)

불만족 고객 → 친구 가족 (31%) 동료 — 등에게 — 입소문 험담

1명에게 전달 (8%)

2명에게 전달 (8%)

3~5명에게 전달 (78%)

6명 이상에게 전달 (6%)

침묵 (63%)

출처 : 2006년 불만고객연구보고서(2006.3)

　　예전과 달리 요즘은 SNS의 발달로 개인의 불편과 불만사항이 걷잡을 수 없이 빠른 시간에 확산된다. 각종 사이트를 통해 전파 및 확산되기 때문에 불만고객에 대한 초기 대처가 무엇보다 중요하다.

3) 고객 불만 해결 기법

① HEAT 기법

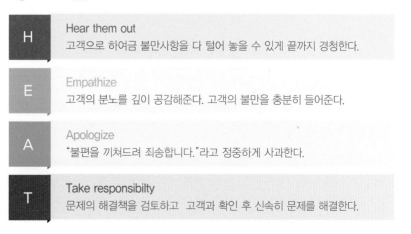

H	**Hear them out** 고객으로 하여금 불만사항을 다 털어 놓을 수 있게 끝까지 경청한다.
E	Empathize 고객의 분노를 깊이 공감해준다. 고객의 불만을 충분히 들어준다.
A	Apologize "불편을 끼쳐드려 죄송합니다."라고 정중하게 사과한다.
T	**Take responsibilty** 문제의 해결책을 검토하고 고객과 확인 후 신속히 문제를 해결한다.

② 불만고객 응대 MTP법

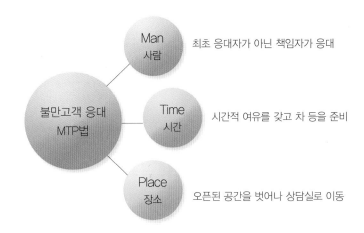

Man 사람	최초 응대자가 아닌 책임자가 응대
Time 시간	시간적 여유를 갖고 차 등을 준비
Place 장소	오픈된 공간을 벗어나 상담실로 이동

③ 불만고객 응대 7단계

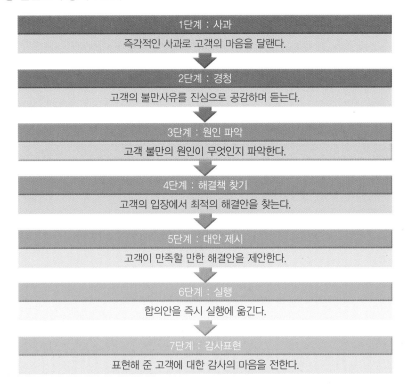

1단계 : 사과
즉각적인 사과로 고객의 마음을 달랜다.

2단계 : 경청
고객의 불만사유를 진심으로 공감하며 듣는다.

3단계 : 원인 파악
고객 불만의 원인이 무엇인지 파악한다.

4단계 : 해결책 찾기
고객의 입장에서 최적의 해결안을 찾는다.

5단계 : 대안 제시
고객이 만족할 만한 해결안을 제안한다.

6단계 : 실행
합의안을 즉시 실행에 옮긴다.

7단계 : 감사표현
표현해 준 고객에 대한 감사의 마음을 전한다.

4) 유형별 컴플레인 대처법

주도형 고객	사교형 고객
• **특징** : 의사결정이 빠르고 적극적임, 성급함 • **응대법** : 적극적이면서 빠른 응대를 한다. 　시원 시원한 목소리로 응대한다.	• **특징** : 사람을 좋아하고 열정적임, 충동적 • **응대법** : 상냥하고 다양한 억양으로 응대한다. 　열정적으로 응대하며 친근함을 보인다.
안정형 고객	신중형 고객
• **특징** : 참을성이 있고 우유부단함 • **응대법** : 부드럽고 따뜻하게 응대한다. 　천천히 협조적인 응대를 한다.	• **특징** : 분석적이며 신중하다. 완벽주의 • **응대법** : 문제해결 절차와 세부사항을 정확히 　설명하며 응대한다. 　감정적인 표현보다는 사실적이고 논리적으로 　응대한다.

🌸 **불만고객 상담의 기본 원칙**

① 고객의 입장에서 생각하라.

② 고객에게 공감하여 최대한 배려하고 있다는 자세를 충분히 전달한 뒤 고객의 마음을 달래주도록 한다.

③ 마음이 감정적으로 상한 고객에게 회사의 규정을 들어서 이성적으로 대응하지 않도록 한다.

④ 고객 응대 시에 개인적인 감정을 드러냄으로써 상황을 악화시키지 않도록 한다. 불만고객은 회사의 규정이나 시스템에 불만을 제기하는 것이지 응대하는 직원인 나에게 화를 내는 것이 아니라는 것을 기억한다.

④ 방문 매너

직장생활 시 에는 업무의 성격에 따라 타 직장을 방문하게 될 일이 많이 생긴다. 이때 자신이 우리 회사의 얼굴이라는 마음가짐으로 매너에 각별히 주의하도록 한다.

1) 방문 준비

방문시에는 사전에 약속을 하고 가는 것이 기본이다. 상대의 상황과 시간을 고려하여 업무에 지장이 없도록 약속을 잡으며, 연락 없이 상대방을 방문하는 것은 매너에 어긋나는 일임을 기억한다. 보통 사무실 방문 시간은 3-5시가 적당하다.

미팅 전 방문 목적을 명확히 정리하고 소요시간을 예측하며, 명함 등 미팅시에 필요한 자료를 꼼꼼히 챙기는 것을 잊지 않는다. 사무실 방문 시 미리 협의되지 않은 사람과 동행하는 것은 매너에 어긋나므로 사전에 전화해서 양해를 구하도록 한다.

2) 방문

보통 10분 전쯤에 도착하는 것이 예의이며 예정 시간보다 너무 빨리 가는 것도 예의에 어긋난다. 여유 있게 도착해서 화장실에 들러 용모와 복장을 점검한다.

혹시라도 늦을 경우에는 미리 연락하여 상대방이 기다리지 않도록 배려한다. 비즈니스에서 시간 약속은 생명과도 같은 것으로 미리 연락하고 10분 늦는 것이 연락 없이 5분 늦는 것보다 낫다. 하지만 미리 서둘러서 늦는 일이 없도록 잘 준비하는 것이 가장 우선일 것이다.

만약 늦었을 경우에는 변명하지 않고 늦은 것 자체에 대해서 "늦어서 죄송합니다" 하고 사과한다.

사무실에 들어가게 되면 안내해 준 사람에게 본인의 명함을 전달하며 안내자가 권하는 자리에 앉는다. 코트는 미팅룸에 들어가기 전에 벗는다. 가볍게 접어서 쇼파 등 의 팔걸이에 놓고, 가방은 발 밑에 놓는다. 테이블이나 쇼파 위에 올려놓는 것은 예의 없는 행동으로 비춰질 수 있다. 미팅이 예정된 상대방이 들어오면 곧 일어서며 상대가 상석을 권한 경우 "감사합니다." 하고 인사한 뒤 옮겨 앉고 가벼운 인사말과 함께 명함을 드린다.

3) 미팅 중

차나 음료를 가지고 오면 감사의 표시를 하고 상대가 권하면 마신다. 미팅 중 에는 신뢰감이 느껴질 수 있도록 자신감 있는 태도로 임하며 방문 목적을 정확하게 전달하여 신속하게 미팅이 진행될 수 있도록 한다. 미팅중의 주의점으로는 방문자나 손님을 맞이하는 측 모두 시계를 보지 않는 것이 매너라는 것을 기억한다.

용건은 명확하고 간결하게 말하며 사무실은 업무 공간이므로 너무 오래 머물르지 않는다. 업무 협조가 이루어진 내용은 반드시 메모한다. 사무실에서는 사적인 대화나 사생활과 관련된 질문은 하지 않도록 하며, 방문의 목적이 달성되지 않아도 표정을 바꾸지 않는다.

4) 미팅 후

미팅의 결과와 상관 없이 미팅 시간을 내어 준 것에 대한 감사의 인사를 한다. 특히나 목적이 잘 달성되었을 경우에는 감사의 인사를 충분히 전달하고, 혹시라도 방문 목적이 잘 진행되지 않았다면 차후의 미팅을 상의하여 잡는 것도 좋다.

⑤ 경조사 매너

    사회생활을 하면서 빼놓을 수 없는 것이 바로 경조사 챙기기이다. 경조사란 축하를 받을 만한 경사스러운 일과, 위로를 받을 만한 궂은 일을 말한다. 살다보면 누구나 기쁜 일과 슬픈 일을 경험하게 된다. 이때 마음을 나누며 같이 축하하고 위로해 주는 것은 좋은 인간관계로 가는 지름길이다.

    옛말에 "기쁨은 나누면 두 배가 되고, 슬픔은 나누면 반으로 줄어든다."는 말이 있다.

    그러므로 살아가면서 좋은 일이 생기면 작은 선물이나 편지, 또는 메신저 등을 통해 축하의 마음을 나누고, 궂은 일을 당한 사람에게는 가능한 찾아가서 얼굴을 보고 위로의 마음을 전하는 것이 좋다.

    성공의 필수조건이 좋은 인간관계라는 조사 결과가 있듯이 관계 속에서 경조사를 챙기는 것은 신뢰를 쌓아가는 가장 좋은 밑거름이 된다.

    경조사 매너에서 가장 중요한 것은 시기를 잘 맞추는 것이다. 혹시 사정이 생겨서 시기를 놓쳤다면 사정을 이야기한 뒤 늦게라도 마음을 전하는 것이 바람직하다.

    보통의 경우 좋은 일에 대한 축하의 표현으로는 선물을 준비하고, 흉사시에는 부조를 한다. 대개 좋거나 기쁜 일은 미리 예정된 것으로 미리 적절한 선물을 준비할 수 있지만, 좋지 않은 일은 갑자기 생기는 경우가 많기 때문에 부조를 함으로써 상대방을 배려하고 일을 처리하는 데 도움을 주고자 하는 것이다.

이러한 가운데 중요한 것은 진실한 축하와 위로의 마음으로 당사자의 입장에서 생각해보는 자세를 가져야 한다.

1) 결혼식

결혼식은 이 세상을 살아가면서 가장 많이 접하게 되는 경사이다. 개인적으로나 비즈니스적으로 결혼식에 초대를 받게 되면 식장의 참석 여부와는 상관 없이 축의금이나 선물을 보내는 것이 예의이다. 이때 축의금의 경우는 신권이 좋다.

축의금을 적을 때에는 봉투의 앞쪽에는 축하 문구를 쓰고, 뒤쪽 아래에는 자신, 또는 보내는 사람의 이름을 적는다. 그리고 일반적으로 축의금 봉투는 봉하지 않는다.

선물을 할 경우, 가까운 사이라면 신혼 살림에 필요한 것을 사전에 물어본 뒤 적절한 것을 골라서 전해주는 것이 더욱 성의있고 기억에 남는 선물이 될 수 있다.

1. 결혼식 10분 전에는 식장에 도착해 여유 있게 예식을 기다리는 것이 예의이다.
2. 가까운 날에 장례를 치렀거나 방문했다면 초대를 받았더라도 참석하지 않는다. 대신 양해를 구하고 축하 말을 전한다.
3. 결혼식은 신부의 날이므로 신부보다 빛날 수 있는 화려한 의상은 피한다.
4. 의상은 정장을 입으며 아무리 가까운 사이더라도 청바지나 슬리퍼 착용은 예의에 어긋난다.
5. 결혼식의 주는 축하이므로 식을 관람하지 않고 바로 식사하는 것은 매너가 아니다.
6. 남녀노소, 다양한 연령층이 참석하므로 신랑, 신부에게 무례한 행동은 하지 않는다.
7. 하객에는 여러 사람이 섞여 있으므로 신랑, 신부, 가족과 관련된 나쁜 이야기는 하지 않는다.

📖 문구

축결혼祝結婚, 축화혼祝華婚 등으로 혼인을 축하하는 말을 쓴다.

2) 수연(壽宴)

수연이란 생일을 맞아 장수를 축하하는 자리를 말한다. 특히 대표적인 수연으로 61세를 맞이하는 회갑回甲, 여든살에 지내는 팔순八旬 등이 있으며, 보통은 자식들이 부모의 장수를 기원하는 의미에서 지인들을 모셔놓고 큰 상을 차린 뒤 절을 올리며 축하를 받는다.

회갑연의 초대장은 보통 자식의 이름으로 보내며 초대를 받게 되면 축하의 의미로 부조나 선물을 하는 것이 예의이다.

요새는 평균 수명이 80세를 넘기는 장수시대가 됨으로써 회갑은 가족여행 등으로 대체하는 경우가 많지만 지인의 수연 등의 소식을 듣게 되면 축하의 인사말을 전하도록 한다.

📖 문구

축회갑祝回甲, 축고희연祝古稀宴 등으로 장수를 축하한다.

3) 문병

지인이 병에 걸리거나 사고를 당하게 되면 가급적 빠른 시일 안에 문병을 가도록 한다. 병원의 경우에는 면회시간이 정해진 곳도 있으므로 미리 확인 후 방문하도록 한다.

병상에 누워 있는 환자에게는 즐겁고 희망적인 이야기로 마음을 전하도록 한다.

환자가 중병일 경우에는 환자 가족을 통해 신속한 쾌유를 바라는 뜻을 전할 수 있다. 문병은 가급적 직접 찾아가는 것이 예의이나 상황이 어려울 때에는 꽃이나 선물로 위로하도록 한다.

또한 자신이 문병을 받은 경우에는 완쾌 후 위로의 마음을 전해주었던 사람들에게 고마움을 표현하는 것이 예의이다.

 문구

기쾌유祈快癒. 빨리 쾌유하기를 바란다는 위로의 마음을 전할 때 쓴다.

4) 문상問喪

고인을 애도하고 살아 생전 그의 뜻을 애도하는 것은 인간의 도리이다. 그러므로 부고를 받으면 사망의 일시, 문상을 가야 하는 곳, 상주의 성명과 연락처등을 신속히 파악하여 가급적 빠른 시간내에 조문하는 것이 바람직하다.

(1) 기본 에티켓

❶ 가까운 친지나 친척의 부고를 받으면 가능한 한 빨리 가서 애도를 표한다.
❷ 상제를 위로하고 할 일을 서로 분담하여 상제를 돕는다.
❸ 무작정 나서서 일에 참견하지 않는다.

④ 아무리 가까운 사이더라도 조문에 어울리는 복장을 착용한다.

⑤ 남성은 검은색 정장에 검은색 넥타이를 매고 가급적이면 흰 와이셔츠를 입는다. 부득이하게 검은 색상을 입지 못할 경우에는 회색 톤이나 어두운 톤의 복장을 입는 것이 좋다. 여성은 검은색 계통의 옷을 입으며, 구두와 핸드백 등도 검정으로 통일한다. 이때 주의할 점은 과도한 액세서리나 색조화장은 삼가는 것이 좋다.

⑥ 상가 앞에서 모자와 외투는 벗는다.

⑦ 휴대전화는 진동으로 하거나 전원은 꺼둔다.

⑧ 조문시에는 상주와 악수하지 않는다.

⑨ 상가에서 큰소리로 떠들거나 웃는 행동은 실례이다.

⑩ 고인의 사망에 대해 유족에게 자세히 묻지 않는다.

⑪ 유족에게 말을 많이 시키지 않는다.

⑫ 종교나 풍습 차이로 상례절차가 다르더라도 예를 존중하고 따른다.

(2) 조의금

① 상주에게 직접 건네지 않는다.

② 형편과 친분에 맞게 적당한 금액으로 성의를 표한다.

③ 깨끗한 흰 봉투에 검은색으로 이름이나 문구를 작성한다.

④ 요즘은 함을 비치해 조의금을 받는 것이 일반적이다. 함에 넣고 방명록에 이름을 기입한다.

📖 문구

부의賻儀는 문상으로 내는 부조금이라는 의미를 갖는다.
근조謹弔는 "슬픔을 애도합니다."라는 뜻으로 고인에 대한 존경의 마음과 상주, 그리고 가족에 대한 위로의 뜻을 담고 있다.

참고

● 경사 : 결혼, 출산, 입학, 졸업, 취직, 수연, 백일, 돌, 위임, 승진, 수상 등
● 조사 : 장례식, 제사, 문상, 병문안, 고별행사 등

(3) 조문 순서

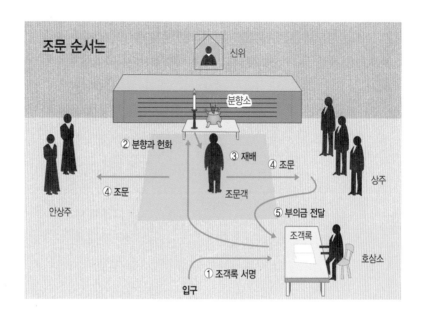

🔖 문구

1️⃣ 조객록 서명 ➡ 2️⃣ 분향 및 헌화 ➡ 3️⃣ 재배 ➡

4️⃣ 조문 ➡ 5️⃣ 부의금 전달

■ 장례식장에서 절하는 방법

여자
(큰절)

왼손을 위로

자세를 바로 한다. 공수
한 손은 허리선 부분에
두고 바른 자세로 선다.

공수(拱手)한 손을 풀어
바로 선 자세에서 무릎
꿇고 앉는다.

양손을 무릎 앞부분
양 옆의 바닥을 짚으
며 절한다.

몸을 앞으로
깊이 숙여 절
한다.

남성은 오른 손을 위로, 여성은 왼손을 위로 하고 두 번 절을 하면 된다.

장례식장에서는 어떤 말을 건네야 할지 고민이 많이 되는데 위로의 말보다 조심해야 될 일들이 많다.

- "안녕?" 이나 "안녕하세요?" 등의 인사말은 하지 않는다.
- 유가족에게 지속적으로 말을 걸거나 악수를 청하는 것은 예의에 어긋난다.
  – 이하 문상 (1) 기본 에티켓 내용 참조

■ 조의금 봉투

賻儀	謹弔	追慕	追悼	哀悼	慰靈
부의 (賻儀)	근조 (謹弔)	추모 (追慕)	추도 (追悼)	애도 (哀悼)	위령 (慰靈)

요즘은 장례식장에서 준비해 둔 봉투가 있지만 미리 준비해서 가면 더 예의 있는 모습을 보여 줄 수 있다. 일반적으로 '부의'라 쓰는데 이 밖에도 근조, 조의, 전희, 향촉대 라고 쓰기도 한다.

■ 분향

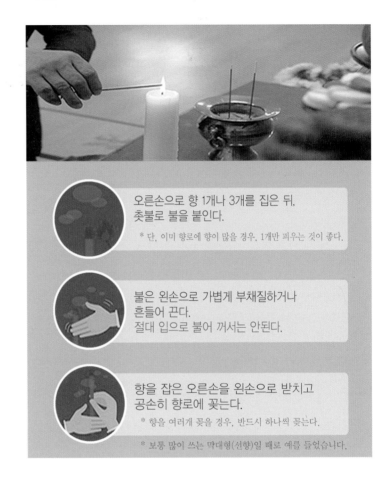

오른손으로 향 1개나 3개를 집은 뒤,
촛불로 불을 붙인다.

* 단, 이미 향로에 향이 많을 경우, 1개만 피우는 것이 좋다.

불은 왼손으로 가볍게 부채질하거나
흔들어 끈다.
절대 입으로 불어 꺼서는 안된다.

향을 잡은 오른손을 왼손으로 받치고
공손히 향로에 꽂는다.

* 향을 여러개 꽂을 경우, 반드시 하나씩 꽂는다.

* 보통 많이 쓰는 막대형(선향)일 때로 예를 들었습니다.

분향을 할 때는 손으로 흔들어 꺼 주고, 입을 불어서 꺼서는 안된다.

■ 헌화

헌화할 때는 꽃봉오리가 고인의
영정을 향하게 놓으면 된다.

5) 출산

기본 에티켓

♣ 출산 축하를 위한 선물

① 어떤 것을 선물하느냐보다 시기가 중요하다. 7일 이내면 택배를 이용하는 것이 좋고 3주 후부터는 직접 방문해 전달해도 된다.

② 현금으로 선물을 대신할 때는 금액보다 마음이 중요하므로 적절한 금액을 전달한다.

③ 단체로 선물할 때는 여럿이 방문하는 것을 자제하고 산모가 원하는 물품으로 선물한다.

④ 선물 구입 시 유통기한을 반드시 확인한다.

① 출산 소식을 듣고 바로 방문하지 않는다. 3주 정도 지나고 방문하는 것이 좋다.

② 선물은 상대에게 필요한 것이 있는지 물어본 후 준비한다.

③ 출산 축하 말을 전하고 나서 궁금한 점을 물어본다.

④ 회복기에는 체력이 금방 지치므로 방문하더라도 오래 머물지 않는다.

⑤ 모유수유 중이라면 수유에 해가 되는 음식은 가져가지 않는다.

⑥ 방문 시 손과 발은 청결히 한다.

⑦ 아기가 귀엽다고 많이 만지거나 신체를 너무 가까이 하지 않는다.

⑧ 산모와 가족에게 출산과 육아 관련에 대한 미신이나 정확하지 않은 정보는 전하지 않는다.

MEMO

1. 다음은 서비스의 4가지 특징 중 무엇에 해당하는 설명인가?
   "서비스의 가치를 파악하거나 평가하기가 어렵다"

2. 서비스의 4가지 특징을 서술하시오

3. [서비스 아메리카]에서 서비스업에서 공통적으로 발견되는 종업원의 응대
   태도 불량을 이야기한 사람은 누구인가?

4. 불만고객의 발생원인 7가지 중 다음은 무엇에 대한 설명인가?
   "고객을 귀찮아하며 퉁명스럽게 대하고, 친근하지 않은 모습을 보임으로써
   고객을 당황하게 만드는 일"

5. 불만고객응대 MTP 법은 불만상황 발생시에 무엇을 바꾸는 것을 말하는가?

MEMO

SNS 불만고객 응대 방법과 원칙 10가지

페이스북 페이지나 카카오스토리 같은 소셜네트워크서비스(SNS)에서 비즈니스 용도로 고객들을 관리하고 있다면 당연히 부정적 댓글들과 돌발 상황이 일어날 수 있다. 이런 상황을 대처할 수 있는 발 빠른 불만고객응대는 고객 충성도와 재방문율을 높이기 때문에 매우 중요하다. 다음은 비즈니스 SNS 페이지에 달리는 악성 댓글을 대처하는 방법과 원칙이다.

 ### 1. 빠르게 답변을 단다.

Convince & Convert에 따르면 40%의 SNS 유저들은 자신의 글이 한 시간 이내로 답변이 달리기를 기대하고 있다는 통계가 있다 그렇게 때문에 관리자는 빠른 댓글과 응대를 우선으로 해야 한다.

2. 실수를 인정한다

소비자들은 어느 비즈니스도 완벽할 수 없다는 사실을 잘 알고 이 때문에 실수한 부분을 숨기려 드는 것보다 깨끗하게 인정하는 것이 더 전략적으로 좋다. 한 마디 사과로 대부분의 소비자들이 회사 전체를 비난 하는 일을 멈출 것이고 회사는 여기서부터 실수를 메꿀 수 있는 솔루션을 찾아나서야 한다. 대면해서 사과를 할 때는 최대한 진정성을 보여준다.

신뢰를 쌓는데는 오랜 시간이 걸리지만 잃는 것은 한순간이기 때문에 정직하고 신속한 대응 이 중요하다.

3. 오프라인으로 대화를 옮긴다

소셜미디어에서 이뤄지는 대화는 모든 사람들이 볼 수 있는 내용이다. 특히 부정적인 댓글들이 달리게 되면 전혀 상관없던 다른 유저들까지 동조하게 되기 쉽기 때문에, 전화 통화나 대면 대응과 같은 방법을 이용해 최초 불만을 제기한 고객과 1대1로 이야기를 할수 있도록 한다. 이렇게 하면 상황이 급속도로 악화되는 것을 막을 수 있고 불특정 다수의 유저에게 부정적인 감정이 전이되는 것을 막을 수 있다.

다음은 불만고객 응대 시 유의해야 할
커뮤니케이션 요소이다.

▶ 평상시 대화하는 톤으로 대한다 (갑작스런 극존칭과 기계적 응대는 지양)

▶ 고객의 이름을 꼭 같이 언급한다

▶ 문제점을 어떻게, 그리고 언제 고칠지 알려준다

▶ 실수였다면 끝까지 책임 질 것을 약속한다.

▶ 답변에 고객의 상황을 자세히 포함해서 말한다.

4. 개인 맞춤형 응대를 한다.
대부분 부정적인 댓글 다는 소비자들은 관리자의 신속한 응대를 기대한다. 그런데 관리자가 성의 없는 자동댓글을 달아버린다면 고객 불만에 대해 가치를 못 느낀다는 메시지를 전달해주는 것과 마찬가지이다. 복사/ 붙여넣기로 쉽게 시간을 단축시킬 수 있는 자동응답은 오히려 소비자들의 짜증을 유발할 수 있다.

5. 개인적인 감정으로 받아들이지 않는다.
불만고객응대를 할 때 소비자들은 개인적으로 여러분 개인에게 화가 나 있지 않다는 것을 불명히 알아야 한다. 그들이 처한 상황에 화가 난 고객들을 상대로 원만한 합의와 결과를 이끌어 내려면 개인적인 감정은 오히려 상황을 힘들게 만들 수 있다.

6. 최악의 상황을 대비한 대책을 마련한다.
Escalation Policy 라고도 하는데 상황이 더 악화된 것을 대비해서 플랜 B와 C를 계획하는 것이 좋다. SNS에서 고객을 상대하다 상황이 급속도로 안 좋아지면 상시 문제를 해결 할 수 있는 담당자의 연락처가 문서화되어 있어야 한다.
이렇게 하면 대응시간을 줄일 수 있고 해결책도 더 빠르게 찾아 고칠 수 있다

7. 한발짝 더 나아간다.

일반적으로 고객이 불만표출을 모두가 보는 SNS에 하는 상황까지 왔다면 쉽게 고객의 분노를 가라앉히기 힘들 수 있다. 특히 사측의 실수가 있다면 단순한 문제점 개선으로 해결되지 않을 수도 있다. 이럴 때는 한발짝 더 나아가서 선물을 제공하거나 예상하지 못한 보상을 헤주면 더 원활한 합의에 이루는 경우도 있으니 참고한다.

8. 다시 고객을 찾아간다.

팔로업 (Follow- up) 이라고도 하는 과정으로, 불만을 표시한 SNS 유저의 문제점을 해결해 주었다고 모든 것이 끝난 것이 아니다. 고객의 모든 문제점이 해결되었는지 다시 한번 팔로업 하고 피드백을 들어본다. 모든 일이 해결 된 뒤 2-3 일 뒤에 다시 한번 고객에게 팔로업 하는 것이 좋다.

9. 절대 부정적인 댓글들을 지우지 않는다.

부정적인 댓글을 삭제한다고 문제가 없어지는 것은 아니다. 댓글을 지우고 무시한다면 오히려 고객들은 더 댓글을 달고 자신들의 의견을 강하게 주장할 것이다. 다만 유저들 끼리 서로 악성 댓들을 달거나 싸울 경우에는 회사 자체내의 SNS 정책을 세워서 악성유저에게 경고를 주거나 댓글들을 관리할 수 있게 대응책을 마련하도록 한다.

10. 긍정적인 답변이 부정적인 답변을 줄인다.

NM incite 연구결과에 따르면 71%의 SNS 유저들은 자신들이 단 댓글에 비즈니스가 긍정적인 답변을 달았을 경우에 그 브랜드를 공유하고 추천했다고 한다.
따라서 고객의 관심과 댓글에 긍정적으로 반응해주고 진정성 있게 다가간다면 불만고객의 발생 자체가 줄어들 수 있을 것이다.

출처: http://smartincome.tistory.com/335 내용 발췌 및 수정

BUSINESS MANNER

GLOBAL ETIQUETTE

커뮤니케이션

① 커뮤니케이션의 중요성

커뮤니케이션communication은 인간관계를 연결해주는 다리 역할을 한다고 볼 수 있다. 가족, 친구, 동료, 고객관계 등 관계가 있는 곳에는 의사소통이 있으며 소통 없이는 우리 인간의 삶은 존립할 수가 없다. 우리는 수많은 사람들과의 관계 속에서 감정을 나누고 공유하며 살아간다.

하루에 우리가 표현하게 되는 단어의 수가 2만 단어 가량이라고 하니 이러한 수치를 봤을 때에도 우리의 삶에서 커뮤니케이션이 차지하는 중요성은 쉽게 알 수 있을 것이다. 타인과 소통이 잘 되는 경우에는 높은 삶의 만족도를 얻으며 살아가지만 그렇지 못한 경우에는 외롭게 고립된 삶을 살아가는 경우가 허다하다.

또한, 조직 내 업무의 성과 또한 상사와 조직원의 인간관계와 커뮤니케이션에 의해 크게 좌우된다. 조직 내 소통에 문제가 있을 시에는 업무 성과에 부정적인 영향을 주게 된다. 조직 내에서는 지시를 받은 사람과 지시를 하는 사람 사이의 상호 이해가 부족하면 상대가 무엇을 기대하고 있는지, 어떻게 업무를 처리하면 좋을지 짐작이 안가서 좋은 성과를 내지 못하게 되는 것이다. 따라서 효과적인 커뮤니케이션은 조직 내 성과를 높이는 가장 기본적인 요소로 평가받고 있다.

커뮤니케이션은 삶의 중요한 한 부분이며 일상생활을 유지하는 수단이다. 사회생활에서 매우 중요한 인간관계 역시 커뮤니케이션을 통해 이루어진다. 커뮤니케이션의 본질을 보다 쉽게 이해하기 위해서는 먼저 단어의 어원을 살펴볼 필요가 있다. 커뮤니케이션(communication)은 '공통되는(common)', 혹은 '공유한다(share)'라는 뜻의 라틴어 'communis'(파생 단어 가운데에는 '공동체'를 의미하는 'community'가 있다)에서 유래한다. 커뮤니케이션은 결코 혼자 하는 것이 아니며, 누군가와 나누는 것임을 알 수 있다. 실제로 커뮤니케이션 없는 공동체, 또는 공동체 없는 커뮤니케이션은 상상하기 어렵다. 커뮤니케이션은 인간으로 하여금 사회적 존재로서 살아가게 만드는 도구가 된다.

커뮤니케이션
communication의 정의

1) 커뮤니케이션의 4가지 구성요소 & 장애요인

커뮤니케이션은 다양한 구성요소의 상호작용으로 이루어진다.

❶ **송신자**Sender**와 수신자**Receiver　송신자는 상대방에게 자신이 갖고 있는 생각이나 정보, 의향 등을 전달하려는 목적을 지닌 사람을 말하며, 수신자는 이러한 메시지를 받는 사람을 의미한다.

❷ **코드화와 해독**　코드화는 송신자가 전달하려는 생각이나 감정, 정보 등을 언어, 몸짓, 기호 등 특정 형태의 체계화된 메시지로 변환하는 과정을 말한다. 이에 반해 해독은 수신자가 자신에게 전달된 메시지를 특정 개념, 생각, 감정 등으로 변환시키는 사고 과정을 의미한다. 때문에 해독은 개인이 가지고 있는 다양한 경험의 영향을 받는다고 할 수 있다.

❸ **메시지**Message　메시지는 코드화의 결과로 나타나는데, 송신자가 수신자에게 전달되기를 바라고 있는 내용이라고 할 수 있다. 메시지는 크게 언어적인 것과 비언어적인 것이 있으며, 메시지의 형태는 그것을 전달하는데 사용되는 채널에 따라 달라진다.

❹ **채널**Channel　채널은 메시지를 전달하는 경로이다. 즉 메시지 전달을 위한 수단이며, 종류는 매우 다양하다. 채널은 커뮤니케이션의 목적에 따라 선택된다. 예를 들어 간단한 정보를 전달하기 위해서는 전자메일이나 전화를 사용하고, 기업의 비전을 제시하기 위해서는 사내 TV나 사보를 이용하는 것이 이에 해당된다.

❺ **잡음**Noise　커뮤니케이션 과정에서 메시지가 의도하는 바를 왜곡시킬 수 있는 요인들을 모두 잡음이라고 한다. 잡음은 커뮤니케이션의 모든 과정에서 발생할 수 있으며, 크게는 두 가지로 구분될 수 있다. 하나는 물리적 잡음이며, 다른 하나는 심리적, 정신적 혹은 의미상의 잡음이다. 회의 중에 발생하는 소음은 물리적 잡음에 해당되며, 서로 다른 가치관이나 문화적 차이로 인하여 상대방의 메시지를 있는 그대로 받아들이지 않고 자신의 가치나 판단에 따라 달리 해석하는 경우 등을 의미상의 잡음이라 한다.

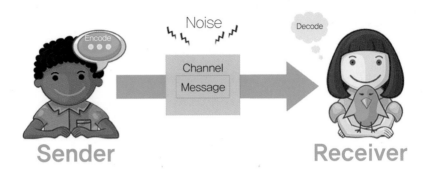

이미지 출처: http://crystal0121.blog.me/220424929486

2) 커뮤니케이션의 구분

❶ 전달수단^{Media}에 따라

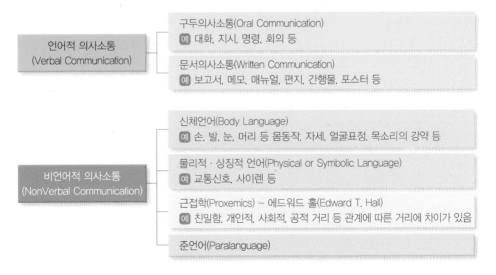

② **피드백의 유무에 따라**

- 일방적 의사소통One-Way Communication

  예 지시, 명령, 훈시, 연설, 설교, 라디오 · TV방송 등

- 쌍방적 의사소통Two-Way Communication

  예 대화, 토론 등

③ **방향에 따라**

- 하향적 의사소통Downward Communication

  예 지시, 명령, 조언, 지도 등

- 상향적 의사소통Upward Communication

  예 보고, 품의, 제안, 건의, 인사상담 등

- 수평적 의사소통Horizontal Communication

  예 협의, 협조, 조정, 연락 등

④ **경로에 따라**

- 공식적 의사소통Formal Communication

  조직도에 따라 체계적으로 정보가 흐르는 것으로 하향 · 상향 · 수평적 의사소통이 이에 해당

- 비공식적 의사소통Informal Communication/Grapevine

  구성원 간의 인간적 유대나 친밀도에 따라 정보가 자연스럽게 흐르는 것

  예 소문 등

3) 의사소통의 장애요인

❶ 의사소통을 기준으로 한 구분

유형별	장 애
하향식 의사소통	• 공간적인 거리의 제약 • 심리적인 거리의 제약
상향식 의사소통	• 상대가 정보의 중요성을 인정하지 않는다. • 상대가 정보를 전달할 기회를 주지 않는다. • 상대가 메시지를 의도했던 대로 받아들이지 않는다.
수평적 의사소통	• 견해 차이 • 상호 간의 경쟁상황 • 특수한 용어 사용
모든 방향의 의사소통	• 송신자가 메시지의 내용 또는 감정을 숙지하지 못한다. • 언어**전달내용**가 개인의 인식 배경에 따라 여러 가지로 해석된다. • 전달이 비효과적이다. • 비언어적인 신호가 언어로 말하는 것과 일치되지 않은 경우 • 사람들은 보통 자신이 듣기를 원한 것만 듣고자 하는 경향이 있다.

❷ 의사소통의 장애요인 극복방법

장애요인	극복방법
어의상의 혼란	• 분명히 그리고 정밀하게 표현하고 특수용어는 피하라.
물리적 잡음	• 조용한 장소를 선택하고 스스로가 잡음을 만들지 말라.
지각적 잡음	• 듣는 사람의 주의를 끌고 반복을 통하여 메시지를 강화하라.
불량한 청취	• 송신자에게 초점을 맞추고 적극적으로 주고 받으라.
편견된 관점	• 개인적, 문화적 선입관을 조심하고 양극화를 피하라.
고정관념	• 상황과 개인을 지나치게 단순화하지 말고 자신의 태도를 타인들의 욕구에 적응시키라.

② 호칭과 기본예절

1) 직장생활에서의 호칭(98p 2)번 직장내 호칭예절 참고)

● 상급자에 대한 호칭

- 직속 상사는 직급의 명칭에 '님'의 존칭을 붙인다.
- 직속이 아니고 직책이 없이 직급만 있는 상급자는 직급 위에 성을 붙인 뒤 직급 아래에 '님'의 존칭을 붙인다.

② 동료 간의 호칭

- 동급자, 혹은 동료 사이에는 성과 직위, 또는 직명을 부르도록 한다.

  예 김대리, ○○씨

③ 하급자에 대한 호칭

- 직책이 있는 하급자는 ○○대리 등으로 부른다.
- 직책이 없는 경우는 '○○씨'라고 부르는 것이 좋다.
- 하급자라도 나이가 많은 경우에는 적당히 예의를 갖추는 것이 좋다.

④ 남녀 직원 간의 호칭

- 남녀 직원 간에는 직급을 부르는 것이 원칙이다.
- 나이든 선배에게는 '○○선배님'이라고 부르는 것이 무난하다.

비즈니스 매너와 글로벌 에티켓

2) 기타 사회생활에서의 호칭

❶ 아는 사람에 대한 호칭

- **어르신** : 부모의 친구 또는 부모같이 나이가 많은 어른을 칭할 때
- **선생님** : 학교의 선생님이나 존경하는 어른
- **형** : 아래위 5세 범위 내에서 사용, 다른 사람 앞에서 3인칭으로 쓸 경우에는 성에 이름까지 붙여서 사용하는 것이 좋다.
- **○○씨** : 친한 관계가 아닌 10년 이내의 연상자 혹은 기혼인 연하자

❷ 모르는 사람의 호칭

- **어르신** : 부모같이 나이가 많은 어른
- **선생님** : 존경할 만한 분이거나 나이가 많은 어른
- **부인** : 자신의 부모보다는 젊은 기혼의 여성

① 상사에 대한 존칭은 호칭에만 붙인다.

　　예 사장님실 → 사장실

② 문서에는 상사에 대한 존칭을 생략한다.

　　예 부장님 지시 → 부장 지시

③ 개정된 압존법에 따라 상급자에게 차상급자와 관련된 보고를 할 때에 존칭을 사용한다.

　　예 부장이 지시한 내용입니다. (×)

　　　→ 부장님이 지시하신 내용입니다. (○)

실수하기
쉬운 호칭

〈5단원 직장 매너 100page 4) 상급자에 대한 예절 참고〉

③ 나를 알고
상대를 아는 대화법

1) 조해리의 창 Johari's Window

조해리의 창 Johari's Window은 대인관계의 유형을 설명하는 이론으로, 인간관계에 있어서 자아개방과 피드백이란 두 개념을 정리하기 위해 개발된 개념이다.

개발자인 Joseph와 Harry의 이름의 첫 글자를 합하여 Johari라고 하였다.

조해리의 창은 창틀의 크기와 형태가 고정된 것이 아니라 상호 신뢰 수준과 자아개방, 피드백의 교환 정도에 따라 유동적으로 결정된다고 본다. 조해리의 창에 의하면, 자신이 아는 부분과 모르는 부분이 있고, 타인이 아는 부분과 모르는 부분이 있는데, 이들의 결합관계에서 공개적 부분, 맹목적 부분, 비공개적 부분, 그리고 미지적 부분의 4개 영역이 생기게 된다.

창의 틀에 있어서 자아개방이란 상대에게 자신의 입장을 명확히 밝히고, 자기 자신을 타인에게 공개함으로써 자신을 알 수 있도록 하는 행위로 다른 사람과 감정과 정보를 공유할 수 있을 만큼 신뢰 수준이 높을 때 비로소 가능하게 된다.

그리고 피드백은 타인이 우리를 개방적이고 수용적이라고 인식하고 이해할 때 비로소 가능한 것으로, 타인들이 우리에 대한 생각과 느낌을 말해주고, 그것이 그들에게 어떤 영향을 갖는지 말해준다.

효과적인 의사소통을 위해서는 창의 크기와 형태를 변화시키는 노력이 필요하다. 이때 자아개방과 피드백이 중요한데, 자신이 느끼는 것을 상대방에 알려주고, 상대방이 알려져 있지 않는 사실을 나에게 이야기해 줌으로써, 맹목적 부분과 비공개적 부분이 줄어들고 미지의 부분 또한 의식수준으로 나타나 공개적 부분이 늘어날 것이다.

		듣기(피드백을 얻는 정도)	
		자기가 알고 있는 영역	자기가 모르는 영역
말하기 (자기 공개의 정도)	타인이 알고 있는 영역	1 공개된 영역 (Open)	2 맹목적 영역 (Blind)
	타인이 모르는 영역	3 숨겨진 영역 (Hidden)	4 미지의 영역 (Unknown)

조해리의 창문을 넓히는 방법

- 상하창문말하기의 영역
  - 자기노출과 자신의 정보에 대한 개방을 많이 한다
  - I-message를 통해 자신의 의견을 말한다
  - 정보와 생각을 타인과 공유한다
  - 적극성을 띠고 타인에게 자신을 어필한다
  - 의사표현을 분명히 한다

― 좌우창문듣기, 물어보기

　　　　• 경청을 통해 상대방이 이야기를 적극적으로 듣는다

　　　　• 피드백을 요청해 상대의 의중을 정확히 파악한다

　　　　• 질문을 통해 더 많은 정보를 얻는다

　　　　• 상대방에 대한 온전한 인정과 수용을 한다

　　　　• 자신의 의견에 대한 상대방의 반응을 잘 살핀다.

자기 노출, 개방Self−Disclosure

자기 노출, 개방의 중요성

우리는 자기 자신의 생각, 정보, 경험을 다른 사람과 공유함으로써 좋은 인간관계를 개발할 수 있으며 의사소통의 질을 높일 수 있다. 상대방에게 자기 자신을 솔직하게 보여 주는 것이 상호 신뢰의 기본이며, 이를 통하여 사실, 정보뿐만이 아니라 상대방의 감정, 정서를 이해할 수 있기 때문이다.

4가지 노출의 정도 / 개방의 수준

① "나이"와 같은 피상적 사실
② "종교관"과 같은 가치관
③ 상대방에 대한 느낌
④ 자기 자신에 대한 느낌

2) I-Message와 You-Message

구분	예醴	You-Message
정의	'나'를 주어로 하여 상대방의 행동에 대한 자신의 생각이나 감정을 표현하는 대화 방식	'너'를 주어로 하여 상대방의 행동을 표현하는 대화 방식
예	의사 표현 : 작업량이 많은데 일이 자꾸만 늦어져 걱정되는데! 지금 어느 정도 진척 되었나? 팀장 일이 늦어져 초조함 → 조직원 작업이 늦어져 걱정하고 있구나	의사 표현 : 자네 일 처리는 왜 이렇게 늦어? 팀장 일이 늦어져 초조함 → 조직원 상사가 나를 무능력하다고 생각하는군
결과	• 상대방에게 나의 입장과 감정을 전달함으로써 상호 이해를 도울 수 있다. • 상대방에게 개방적이고, 솔직하다는 느낌을 전달하게 된다. • 상대는 나의 느낌을 수용하고 자발적으로 자신의 문제를 해결하고자 하는 의도를 지니게 된다.	• 상대에게 문제가 있다고 표현함으로써 상호 관계를 파괴하게 된다. • 상대방에 일방적으로 강요, 공격, 비난하는 느낌을 전달하게 된다. • 상대는 변명하려 하거나 반감, 저항, 공격성을 보이게 된다.

3) 피드백Feedback

 효과적 피드백 기술

- 구체적이고 명확해야 한다. 효과적 피드백은 애매하게 말하지 않는다.
- 평가, 판단하지 말고 사실이나 행동을 그대로 알려준다.
- 방어하지 않으면서 피드백을 듣는다. 피드백을 청하고 기꺼이 받아들인다.
- 무턱대고 듣기에 좋은 말로만 피드백하지 않는다.
- 당신 자신이 그런 피드백을 받는다고 생각해보라.
- 다른 사람이 말한 것을 당신이 정말로 이해했는지 확인하기 위해 다시 피드백을 구한다.

DISC의 이해와
성향별 응대

나는 어떤 성격일까?

사람마다 적극적이거나 수동적이거나 내성적이거나 외향적이거나 각기 다른 고유한 성격을 가지고 있다.

자신의 성향을 알게 되면 직업을 선택할 때도 더 좋은 선택을 할수도 있고 인간관계에서도 더 나은 모습을 발휘할 수도 있다.

DISC란 사람의 성격유형을 분석하는 심리분석 도구이다.

1928년 미국 콜롬비아대학 심리학교수인 William Mouston Marston박사는 인간은 환경의 영향을 받으며 살아가고 4가지 유형의 대화 스타일을 갖게 된다고 주장했다.

그의 주장을 통해 만들어진 이론이 DISC 이고 각각의 유형 설명 첫 글자를 따서 D(주도형), I(사교형), S(안정형), C(신중형)으로 나누어 진다.

자신의 성격유형을 알면 자신의 성격과 다른 사람과의 원만한 인간관계, 즐거운 대화가 가능해질 수 있을 것이다. 아래를 통해 나와 타인을 좀더 알아보도록 하자.

비즈니스 매너의 글로벌 에티켓

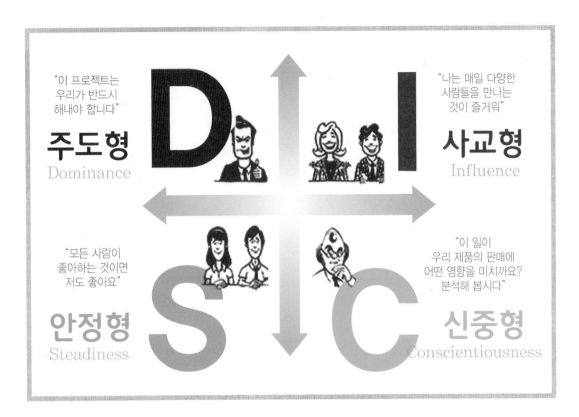

1) DISC별 행동 분류

사교적/직선적(외향적)		내성적/간접적(내향적)
• 빠른 속도		• 늦은 속도
• 말을 많이 함	◀ 혹은 ▶	• 물어봄
• 큰 소리로 말함		• 부드럽게 말함
• 억양에 변화 있음		• 단조로운 어조

더 경쟁적이거나 지시적(D)?

- 무표정하거나 차가운 표정
- 감정 표현 잘 하지 않음
- 공식적
- '무엇?'에 초점(What)
- 목적과 결과에 우선 순위 둠

더 수용하거나 협력함 (S)?

- 오픈 마인드
- 편안한, 따뜻한 얼굴
- 풍부한 감정 표현
- 편안함
- '어떻게?'에 초점(How)
- 안정과 협력에 우선 순위

혹은

혹은

더 말이 많거나 사교적(i)?

- 오픈 마인드
- 생동감 있고 따뜻한 표정
- 풍부한 감정 표현
- 편안함
- '누구?'에 관심(Who)
- 사람과 인정에 우선 순위

더 생각하고 평가함(C)?

- 융통성 없는 태도
- 무표정, 차가운 표정
- 감정 표현 거의 하지 않음
- 공식적
- '왜?'에 초점(Why)
- 완벽과 분석에 우선 순위

직장인
5대 모바일
에티켓

❶ 공식 회의나 식사 시간에 핸드폰을 소지해야 할 경우 테이블 위에 핸드폰을 올려놓지 않습니다

❷ 핸드폰은 주머니 또는 가방에 넣어 보이지 않도록 합니다.

❸ 핸드폰 벨소리는 무음 또는 진동으로 해두며, 진동의 강도를 가장 낮은 단계로 조절합니다.

❹ 부득이하게 회의중에 전화를 꼭 받아야 할 경우 사전에 양해를 구하고 회의실 외부에서 최대한 간단히 통화합니다

❺ 외부 거래선 미팅 등 중요한 회의장소에는 핸드폰을 가급적 가지고 가지 않는 것도 좋은 방법입니다.

[출처] 이것만은 꼭 알아야해! 직장인 5대 에티켓 | 작성자 삼성엔지니어링

2) 행동 유형별 커뮤니케이션 방법

❶ D 유형 : 주도형외향적 사고형

- 신속하게 진행한다.

- 결과와 성취에 대해 지지해준다.

- 즉각적인 행동에 관해 말한다.

- 자유롭게 일하도록 맡겨둔다.

- 도전할 수 있는 기회를 준다.

- 경쟁적인 목표를 제공한다.

- 스스로 결정하게 한다.

- 리더십을 발휘할 수 있도록 책임을 부여한다.

- 사실에 근거하여 불일치하는 부분에 대한 논쟁을 한다.

❷ I 유형 : 사교형외향적 감정형

- 정열적이고 낙천적으로 행동한다.

- 감정을 지지해준다.

- 세부사항보다 상징에 초점을 두고 말한다.

- 절제력을 발휘하게 한다.

- 자율성을 부여한다.

- 공개적으로 인정하고 관심을 보인다.

- 새로운 변화를 시도하게 한다.

- 신속하고 생동감 있게 행동한다.

- 아이디어를 지지해주고 꿈과 이상을 깨지 않도록 한다.

- 긍정적인 측면을 보여준다.

❸ S 유형 : 안정형_{내향적 감정형}

- 침착하게 행동한다.

- 수용적이고 지지하는 태도를 보인다.

- 개인적인 부분에 관심을 보인다.

- 선도적인 행동을 하게 한다.

- 재촉하지 말고 여유를 갖는다.

- 개략적인 목표를 두고 구체적으로 지시한다.

- 소속감과 안정감을 갖게 한다.

- 인간적인 신뢰감을 제공한다.

- 친해지고 난 후에 격식 없이 대하는 태도를 인정한다.

❹ C 유형 : 분석형_{내향적 사고형}

- 계획적으로 진행한다.

- 원칙을 지지해준다.

- 사실과 정보를 제공한다.

- 마감시간을 제시해 준다.

- 자료점검하는 동안 참고 기다린다.

- 혼자서 할 수 있도록 독립성을 보장한다.

- 일관되고 공정하게 대한다.

- 신속하게 결정할 수 있도록 질문한다.

- 책임을 맡으면 다른 사람의 수행과정을 체크하도록 지시한다.

1. 다음은 무엇에 대한 정의인가?

   "사람들끼리 서로 생각, 느낌 따위의 정보를 주고 받는 일.
   말이나 글, 그 밖의 소리, 표정, 몸짓 따위로 이루어진다."

2. 커뮤니케이션의 구성요소 4가지를 모두 적으시오.

3. 커뮤니케이션은 전달수단에 따라 (,   ) 의사소통으로
   나뉜다.

4. 대인관계의 유형을 설명하는 이론으로, 인간관계에 있어서 자아개방과 피드
   백이랑 두 개념을 정리하기 위해 개발된 개념은 무엇을 말하는가?

5. 나를 주어로 하여 상대방의 행동에 대한 자신의 생각이나 감정을 표현하는
   대화방식을 무엇이라 하는가?

MEMO

MEMO

BUSINESS MANNER

GLOBAL ETIQUETTE

전화예절

전화예절의 중요성

1) 고객을 사로잡는 매너

요즈음 우리는 사회생활에서 급한 일이나 사무를 처리할 때 일일이 방문해서 일처리를 하는 대신 신속하고 간편한 수단으로 전화를 사용한다. 그런데 전화는 상대방의 얼굴을 직접 대하지 않으므로 소홀히 하기가 쉽다. 하지만 음성과 음성이 마주 대하는 것은 결국 인격과 인격이 상대하는 것이 되므로 상황에 따른 적절한 에티켓이 필요하다.

2) 보이지 않아도 보이는 전화응대

보통 얼굴이 보이지 않기 때문에 대면응대보다 전화응대 시에 태도나 표정을 소홀히 하는 경우가 있는데 목소리의 질을 결정하는 것은 표정이라는 연구 결과가 있듯이, 전화응대 시에 친절한 마음과 태도로 가장 잘 표현하는 가장 기본적인 방법은 미소를 머금은 표정을 짓는 것이다. 따라서 전화응대 시에는 밝은 표정이 자연스럽게 배어 있어야 한다.

또한, 신속하게 전화를 연결하고 상황을 알려줌으로써 고객을 지루

하지 않게 하는 것이 중요하며, 항상 신원을 확실하게 밝혀 고객에게 신뢰감을 주도록 한다.

그리고 긍정적이고 적극적인 사고에서 나오는 자신감을 가지고 "내가 회사의 대표"라는 책임의식과 주인의식을 가지고 고객에게 감사하는 마음으로 전화응대를 해야 한다.

특히 매너와 에티켓을 지켜 간결하고 알아듣기 쉽게 말해야 한다. 목소리의 높낮이를 잘 조절하고 억양에 신경을 써서 고객에게 부드러운 인상을 주어야 하며, 고객의 전화를 받지 못해 불편을 끼치는 일이 없도록 업무시간대에는 자리를 비우지 않는다.

마지막으로, 고객 요구사항을 잘 관리할 수 있도록 항상 메모하는 습관을 가지며 고객의 요구에 충실히 응답해 주어야 한다. 통화의 마무리 또한 중요하므로 마지막 인사를 잘 마쳐야 하며 성향이 다른 고객의 성격과 행동에 대응하는 자기감정 절제가 무엇보다 중요하다.

② 전화예절의 특성

1) 전화응대의 구성요인

　　고객을 직접 응대할 때와, 비대면으로 전화응대를 할 때 고객에게 인식되는 요인은 큰 차이를 보인다. 왼쪽의 차트를 보면 대면 시에는 표정, 생김새, 옷차림, 태도 등 시각적인 요소가 무려 55%를 차지하고 그 다음으로 말투, 빠르기, 어조 등의 청각 요소가 38%, 마지막으로 어떤 단어를 사용하는가가 7%로 결정된다.

　　하지만 얼굴을 보지 않고 하는 전화응대 시에는 청각요소가 무려 82%를 차지하고 나머지 18%가 사용 단어에 의해서 결정되기 때문에 음성관리의 중요성은 생각 이상으로 크다고 할 수 있다.

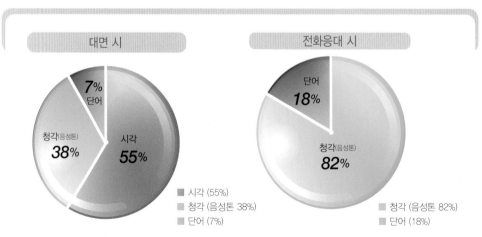

자료 : 한국능률협회[인재개발 패러다임의 변화와 정보혁명시대의 신인재육성전략](1997), p.218.

2) 전화응대의 특성

① 고객과 기업의 얼굴 없는 만남이다.
② 전화 통화로 모든 것이 결정되는 기업의 이미지이다.
③ 예고 없이 찾아오는 손님이다.
④ 기업과 고객의 첫 번째 접점이다.

3) 전화응대의 3원칙

① 신속

• 벨이 3회 이상 울리기 전에 받도록 한다. 3회 이상 울렸을 경우에는 "늦게 받아 죄송합니다."라는 사과말을 한다.
• 하던 일을 멈추고 곧 수화기를 왼손으로 잡고 오른손으로 메모 준비를 한다.
• 다른 직원 전화를 대신 받을 경우 "늦게 받아 죄송합니다."라는 사과말과 더불어 '돌려받았습니다'라고 멘트한다.

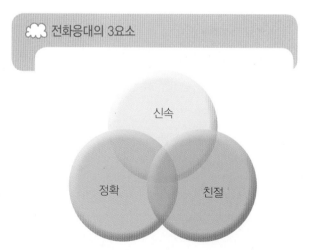

전화응대의 3요소

신속
정확
친절

• 인사말과 자기 소속, 성명을 말한다.
• "감사합니다. ○○팀부 ○○○입니다."라고 반드시 소속과 성명을 말한다.
• 간결하게 통화하며, 결과를 알려주어야 하는 경우 예상 답변 소요시간을 미리 안내한다.
• 약속했던 시간보다 늦어질 경우는 반드시 중간보고를 해서 상대가 기다리지 않도록 한다.

❷ 정확

- 고객의 용건을 정확히 파악한다.
- 누가, 언제, 어디서, 무엇을, 왜, 어떻게, 얼마나 등의 5W 2H를 활용한 메모의 습관을 들인다.
- 복잡한 용건, 중요한 용건은 반드시 복창하여 메모하도록 한다.
- 잘 모르는 일은 자기 마음대로 대답하거나 결정짓지 말고 책임자나 아는 사람에게 알아보아 대답하거나 바꾸어 준다.
- 고객에게 신뢰감을 줄 수 있도록 업무에 대한 정확한 전문지식을 갖추도록 한다.
- 분명한 발음과 어미처리로 고객이 쉽게 알아들을 수 있게 말한다.
- 통화 내용이 상대에게 잘 전달되었는지 확인 작업을 하도록 한다.
- 발신의 경우 전달하고자 하는 내용을 정리한 뒤에 전화를 걸어서 불필요한 말을 하지 않으며 정확한 통화가 될 수 있도록 준비한다.

❸ 친절

- 본인소개, 상담 및 응대자세는 최대한 또박또박한 말투로 정중하고 친절하게 말한다.
- 상대방이 알아들을 수 있도록 천천히 정확하게 말한다.
- 고객의 말에 긍정적으로 응대한다.
- 속어, 낮춤말, 반말 등의 사용을 피하고 경어를 사용하여 정중한 느낌으로 말한다.
- 전체적인 분위기나 느낌이 통화의 품질을 결정하므로, 사무적인 느낌을 배제하고 친절하게 응대한다.

③ 전화예절의
기본 에티켓

1) 전화응대의 기본자세

먼저 전화상담의 대응 화법을 터득하여 친절·신속·정확하게 응대해야 한다. 신속한 응대를 위해서는 주변 정리정돈과 필기구를 오른쪽에 두는 것은 기본이다. 전화벨이 울리는 즉시 받고, 대화는 간결하고 쉽게 하며「5W2H」의 원칙에 따라 확인해야 한다. 또한 전화를 받는 즉시 자신의 신분을 밝히고 명료한 발음으로 응대하여야 한다.

또한, 고객의 심리 상태를 잘 파악하여 긍정적으로 대응해야 하며, 고객과 업무에 대한 긍정적 사고를 갖고 고객과 업무에 대한 긍정적 사고를 갖고 전화통화에 임한다. 반드시 경어를 사용하고 인사법이나 말씨, 단어 선택에 유의하여 미소짓는 응대법을 익히는 데 노력을 기울여야 한다.

2) 전화응대의 말하기

고객과 대화를 할 때는 고객의 말을 충분히 경청한 후 적절한 높이와 강도를 의식하고 최대한 듣기 좋은 음성으로 대화를 해야 한다.

- 밝고 명랑한 표정으로 말한다.
- 발음은 정확하게 밝은 목소리로 말한다.
- 말의 속도 조절에 유념하며 강조할 부분에는 반드시 강조를 준다.
- 말끝을 흐리지 않고 명료하게 전달한다.
- 상대방이 알아듣기 쉬운 용어를 사용한다.

상대를 기분좋게 하는 언어 표현법 삼총사

☑ **명령형** 　　　　　　　　　　　　　**권유 / 청유형**

기다리세요/잠시만요.　▶　잠시만 기다려주시겠습니까?
전화드리겠습니다.　▶　다시 전화드려도 괜찮으시겠습니까?
○○○하셔야 합니다.　▶　괜찮으시다면, ○○○ 해주시겠습니까?

☑ **부정형**　　　　　　　　　　　　　**긍정형 표현**

안 됩니다.　▶　곤란합니다만, 혹시 다른 방법이 있나 확인해
　　　　　　　보겠습니다.

☑ **요죠체**　　　　　　　　　　　　　**정중한 표현**

지금 안 계시거든요~　▶　지금 자리를 비우셨습니다.
○○에 대해서 알고계시죠?　▶　알고계십니까?
~하실래요?　▶　해주시겠습니까?

'5W 2H'란?

'(1) 언제 (When) (2) 누가 (Who) (3) 어디서 (Where) (4) 무엇을 (What) (5) 왜 (Why) (1) 어떻게 (How) (2) 얼마나 (much)'라는 것을 언제나 머리에 두고 체크하는 것이 중요하다. 이렇게 하면 용건을 빠뜨릴 걱정도 없으며 이야기가 초점을 잃어 우왕좌왕하는 일도 없을 것이다.

3) 전화응대의 듣기

듣기에서 무엇보다 중요한 일은 상대방의 말을 끝까지 듣는 것이다. 고객 중에 말을 더듬거나 사투리를 심하게 사용하는 경우, 또는 예상 가능한 말을 고객이 할 경우 이를 답답히 여겨 중간에 말을 끊는다거나 고객이 의견을 제시하지도 않았는데 짐작하여 미리 말을 앞서가는 등의 행동은 절대 금기이다.

- 자신의 의견을 먼저 전달하기보다는 상대방의 이야기를 끝까지 들어준다. 잘 들어야 잘 말할 수 있다.
- 상대의 이야기를 듣는 중에는 견해 차이가 있을지라도 끼어들지 않는다.
- 상대의 의견에 가급적 긍정적인 태도를 보이며 맞장구를 친다.
- 중요한 부문은 CHECK-BACK하는 습관을 갖는다.
- 중요한 사안인 경우 반드시 메모하는 것이 필요하며, 대화 끝에 이야기의 요점을 정리하여 상대방에게 확인해 본다.

4) 전화를 걸 때의 에티켓

❶ 상대방의 생활시간을 고려한다. 이른 아침이나 식사시간, 또는 한밤중은 되도록 피해야 한다. 또 상대방이 가장 바쁘리라 짐작되는 시간에도 삼가는 것이 에티켓이다.

❷ 먼저 자신을 밝힌다. 전화를 걸 때는 먼저 상대방을 확인하는 일이 중요하다. 상대방을 확인할 때는 반드시 이쪽 이름도 함께 밝히는 것을 잊어서는 안 된다. 순서로 볼 때는 자기를 밝히고 나서 상대방을 확인하는 것이 예의이지만, 전화의 경우 잘못 걸리는 수도 있으므로 상대방을 확인한 뒤 자기를 밝히는 것이 보통이다. 자신을 밝힐 때에는 이름만 이야기해서는 상대방이 언뜻 알아차리기가 어려우므로 지인이 아닌 경우에는 근무처 등을 곁들여서 상대방이 기억해내기 쉽도록 해주어야 한다.

③ 전화를 걸기 전에 용건은 잘 정리해 두었다가 순서 있게 요점을 말한다. 상대방에게 전화를 걸기 전에 우리 측의 타협이나 의논을 일단 매듭지어 놓아야 한다. 부득이 이쪽의 의견을 종합하고 확인해야 할 필요가 생겼을 경우에는 송화기를 손으로 막고 포즈버튼을 사용하여 상대방에게 소리가 들리지 않도록 조심스럽게 말을 주고받으며 되도록 신속히 결론을 내리도록 해야 한다.

④ 중요한 용건으로 전화를 걸 때에는 시간이나 장소에 대하여 사전에 양해를 얻어 두도록 한다. 일단 전화를 걸고 나서라도 상대방이 선뜻 대답을 하지 못한다든가 설명을 꺼리는 듯한 눈치가 보이면 상대방에게 어떤 사정이 있을 것이라 보고 다른 시간에 다시 걸겠다는 약속을 한 후에 일단 끊는 것이 현명한 태도이다.

⑤ 혼선 또는 잡음이 심할 때는 상대방에게 아무런 말도 않고 끊어 버리지 말고 일단 양해를 얻고 나서 끊고 다시 걸도록 해야 한다.

⑥ 송화구는 똑바로 입 앞에 대어 주먹이 하나 들어갈 만한 간격을 주고 말해야 가장 잘 들린다.

⑦ 말은 전전히 명확하게 한다. 발음이 뚜렷하지 않은 사람이 의외로 많다. 그러나 자신이 하는 말을 직접 들을 수가 없으므로 본인의 발음이 분명하지 않다는 것을 모르기 쉽다. 따라서 평소부터 명확하게 발음하는 연습이 필요하다.

5) 전화를 받을 때

① 전화벨이 울리면 하던 일을 잠시 멈추고 곧 수화기를 들어야 한다. 전화는 매우 바쁘게 사용되는 공공물이며, 전화를 건 쪽에서는 빨리 상대방이 나와 일을 끝내고 싶은 심정이라는 것을 잊어서는 안 된다.

② 먼저 자신의 신분을 밝힌다. 수화기를 들고서는 상대방이 묻기 전에 곧바로 자기가 누구라는 것은 밝혀야 한다. "네, ○○입니다.", "네, 몇 번입니다.", "네, ○○회사 ○○과입니다." 하고 자기 이름, 또는 직장명을 먼저 밝힌다.

③ 잘못 걸려온 전화가 귀찮더라도 "몇 번에 거셨습니까?", "전화가 잘못 걸린 것 같습니다. 여기는 ㅇㅇㅇ회사입니다." 하고 부드럽고 친절하게 일러주어야 한다.

④ 전화벨 소리가 울리고 받는 것이 지체되었으면 "네, ㅇㅇㅇ입니다. 늦게 받아 죄송합니다." 하고 사과하는 말을 먼저 하는 것이 좋은 태도이다. 또한 기다리게 했을 때에는 "잠시만 기다려 주세요." 라고 양해를 구하고 다시 통화하게 되면, "오래 기다리게 해서 죄송합니다." 하고 말한 뒤에 용건을 말한다.

6) 전화응대 8계명

① 전화로 이야기할 때는 보이지 않는 상대라도 '웃는 얼굴'로 한다.
② 전화로 이야기할 때는 언제나 '메모준비'를 한다.
③ 음성은 '명랑하고 정확하게' 하며 생기 넘치게 이야기한다.
④ '전문용어 및 업계용어'는 함부로 사용하지 않는다.
⑤ 전화기 주변은 항상 '정리정돈'을 해둔다.
⑥ 요조체~하셨어요, ~하셨죠보다는 업무 전화는 '다까체'~하셨습니다. ~하셨습니까 사용을 습관화하도록 한다.
⑦ 상대방의 말을 끊지 말고 '경청'하며 때론 '공감'을 표현한다.
⑧ 이야기가 끝나면 소속과 본인의 이름을 포함한 '정확한 끝인사'를 하며, 상대방이 전화를 끊는 것을 확인 후 전화기를 내려놓는다.

7) 피해야 할 태도

불필요하게 통화를 오래하거나, 전화를 바꾸어 줄 때 오래 기다리게 하는 것, 문의, 사적인 질문을 하거나, 대화 중 상대방의 말을 중단시키는 태도는 고객에게 심한 불쾌감을 줄 수 있다. 또 무성의한 응대나 통화 중 다른 업무를 하거나 문제 발생 시 다른 직원에게 책임을 전가하는 행위, 일방적으로 전화를 끊는 행위, 업무 지식이 없어 여러 사람에게 전화를 돌리는 행위 등은 반드시 피해야 한다.

4 상황별 전화응대 예절

구 분	예 시
전화를 받을 경우	"감사합니다. ○○팀, 부(지사) ○○○입니다."
기다리게 할 때	"죄송합니다만, 잠시만 기다려 주십시오."
다른 직원에게 바꾸어 주어야 할 때	"잠시만 기다려 주십시오." "연결해(바꾸어) 드리겠습니다." 또는 "지금 전화를 받고 있으니 잠시만 기다려 주십시요."
다른 전화번호로 교환할 때 (플래시+내선번호)	"○○○팀 ○○○씨 전화로 돌려드리겠습니다. 만약 전화가 끊어지면 ○○○○번으로 다시 하시면 되겠습니다." (반드시 교환 내선번호가 연결된 것을 확인 후 조용히 수화기를 내려놓으며, 통화 중일 경우 상대방에게 통화 중임을 알리고 연락처 또는 전달 내용을 확인한다)
다른 직원으로부터 바꾸어 받았을 때	"전화 바꾸었습니다." 또는 "기다리게 해서 죄송합니다. ○○○입니다."
전화가 잘못 걸려 왔을 때	"전화를 잘못 거신 것 같습니다." "여기는 ○○○○입니다."
찾는 사람이 없을 때	"지금 자리에 안계신데 괜찮으시다면 메모를 남겨 주시면 전해 드리겠습니다." (메모에는 어디의 누구로부터, 몇 시경에, 어떤 용건으로 회답의 여부까지, 그리고 받은 사람의 이름을 기록하여 본인에게 전달하여 준다)
통화 도중 전화가 끊어졌을 때	(전화를 건 쪽에서 다시 통화를 시도한 후) 다시 통화가 되면 "전화가 끊어졌습니다. 죄송합니다."라고 말하고 대화를 계속한다.

구 분	예 시
질문한 내용을 계속해서 물어보는 경우	"다시 한번 말씀드리겠습니다." 또는 "제가 아는 부분은 여기까지 입니다만, 이해가 안 가시면 제가 더 잘 아는 분을 바꾸어 드리겠습니다."
항의 전화가 올 경우	"정말 죄송합니다. 고객님 입장을 충분히 이해합니다." 또는 "제 선에서는 어렵습니다만, 제가 책임자를 바꿔드리겠습니다."
상황설명 없이 다짜고짜 화를 내는 경우	"불편한 일이 있으셨나 봅니다. 죄송합니다만, 무슨 일이신지 설명해 주시겠습니까?"
전화가 여러 번 돌아서 화를 내는 경우	"바쁘실텐데 전화가 여러 곳으로 돌려져 정말 죄송합니다. 제게 문의사항을 다시 한번 말씀해 주시겠습니까? 제가 해결해 드리도록 하겠습니다."
잘못된 부분인데도 자기 주장만 하는 경우	"예, 알겠습니다. ○○에 대해 많은 부분을 알고 계시군요. 그런데 약간의 오해가 있으신 것 같은데 그 부분에 대해서 말씀을 드려도 될까요?"
전화상태가 나빠서 알아 듣기 어려운 경우	"죄송합니다만, 전화감이 먼 것 같습니다. 다시 한번 말씀해 주시겠습니까?" 또는 "전화를 다시 한번 걸어 주시면 감사하겠습니다."
회의 중인 직원이 전화를 받을 수 없는 경우	"죄송합니다만, 지금 회의 중입니다. 메모를 남겨주시면 전해 드리겠습니다."라고 양해를 구하는 것이 원칙이다. 하지만 상황에 따라서 고객이 불쾌하게 생각할 수 있으므로 "죄송합니다만, 지금 잠시 회의 중입니다. 메모를 남겨주시면 오는 대로 바로 전화 드리도록 하겠습니다."라고 응대하는 요령이 필요하다.
전화를 끊을 때	용건이 끝나면 간단히 인사를 한다. "감사합니다.", "고맙습니다.", "안녕히 계십시오.", "좋은 하루 되십시오" 등의 적절한 인사말로 하고 상대방이 전화를 끊는 것을 확인한 다음 조용히 수화기를 내려놓는다.

☁ Point [상황별 전화응대 리스트]

상 황	전화 고객 응대	예	아니오
1. 전화를 받을 때	• 회사명과 자신의 소속을 밝혔습니까?		
	• 자신의 이름을 밝혔습니까?		
	• 전화 건 사람에게 무엇을 도와줄 수 있는지 물었습니까?		
2. 전화를 돌려줄 때	• 누구와 통화를 하고 싶어하는지 물어봤습니까?		
	• 교환번호를 알고 있는지 물어봤습니까?		
	• 이름과 교환번호를 찾아 주었습니까?		
	• 전화 건 사람에게 전화번호를 알려 주었습니까?		
	• 전화 건 사람에게 전화를 돌려주겠다고 말해주었습니까?		
	• 전화가 연결될 때까지 전화를 끊지 않고 기다렸습니까?		
3. 담당자 부재시	• 전화 건 사람에게 담당자가 부재인 것에 대해 사과인사 를 했습니까?		
	• 담당자의 부재 사유를 설명했습니까?		
	• 부재 중인 담당자와 전화 통화가 가능한 시간을 알려주 었습니까?		
	• 남기고 싶은 메모가 무엇인지 물어보았습니까?		
	• 남겨 놓은 메모를 담당자에게 전해 줄 것임을 명시했습 니까?		
4. 통화 중 대기 상태에 놓을 때	• 전화 건 사람에게 통화 중 대기상태에 놓아야 하는 이유를 설명했습니까?		
	• 전화 건 사람에게 통화 중 대기상태에 놓이는 것에 대한 선택의 기회를 주었습니까?		
	• 선택의 기회를 주는 질문에 대한 고객의 대답을 기다렸 습니까?		
	• 전화 건 사람에게 이제 통화중 대기 상태에 놓겠다고 말해 주었습니까?		
	• 전화건 사람을 통화 중 대기상태에 놓았습니까?		
	• 다시 통화를 할 때 기다려 준 것에 대한 감사를 표시했 습니까?		

상 황	전화 고객 응대	예	아니오
5. 메모 남길 때	• 남길 메모가 무엇인지 물어보았습니까?		
	• 메모를 전화 메모지에 기록했습니까?		
	• 전화 건 사람의 이름을 물어보았습니까?		
	• 전화 건 사람의 전화번호를 물어보았습니까?		
	• 전화 건 사람의 이름 / 전화번호를 다시 한번 확인했습니까?		
6. 동시에 여러 전화가 올 때	• 먼저 통화하던 고객에게 양해를 구했습니까?		
	• 나중에 전화 건 고객에게 다른 고객과 전화 통화 중이었음을 알리고 사과했습니까?		
	• 나중에 전화 건 고객의 이름, 연락처, 용건을 메모해 놓았습니까?		
	• 나중에 전화 건 고객에게 자신의 이름을 밝히고, 곧바로 전화하겠다고 했습니까?		
	• 먼저 전화 건 고객에게 기다려준 것에 대해 감사표시를 했습니까?		

출처 : 알키미 컨설팅(www.alkimi.com)

MEMO

1. 전화응대의 3요소는 무엇인가?

2. 전화응대 시에 청각 요소가 미치는 요인은 몇 %에 해당하는가?

3. 전화응대 시 상대를 기분 좋게 하는 언어 표현법 3가지를 적으시오

4. 전화응대 시 플래시+내선번호는 어떨 때 사용하는 방법인가?

5. 전화응대시의 5W 2H 항목을 적으시오

MEMO

MEMO

BUSINESS MANNER

GLOBAL ETIQUETTE

Chapter

09

이메일 커뮤니케이션

이메일 커뮤니케이션의
중요성과 장단점

정보통신의 발달로 비즈니스 커뮤니케이션의 환경은 예전과는 비교할 수 없을 정도로 달라졌다. 이제는 컴퓨터뿐만 아니라 휴대폰에서도 시간과 장소에 구애받지 않고 언제, 어디서든 메일을 주고받을 수 있다. 이러한 업무환경의 변화는 보다 더 스마트한 업무처리를 가능하게 해주었다.

이제는 대부분의 업무가 이메일을 통해 이루어지는 만큼 올바른 '이메일 커뮤니케이션'의 방법을 익힌다면 업무 효율을 더욱 높일 수 있을 것이다.

1) 이메일의 역사와 중요성

이메일이 없는 세상을 상상해 본 적이 있는가? 중요한 자료를 전달하러 시간 내어 미팅을 하고, 팩스를 여러 장 보내느라 진땀을 빼고, 다시 그런 생활로 돌아가야 한다면 어떻겠는가? 우리는 이미 디지털 시대의 편리함에 길들여졌고 이메일의 발전은 우리의 오피스 환경을 크게 바꾸어 놓았다. 하지만 생각해보면 이메일이 보편화된 지는 불과 40년밖에 되지 않았다. 그리고 한국은 1990년대 중반부터 이메일이 활성화되기 시작했으니 그 역사는 더욱 짧다.

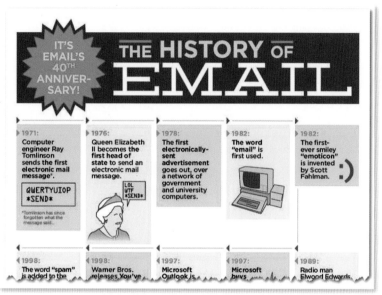

자료출처 : http://stephenslighthouse.com/2011/06/21/the-history-of-email-infographic/

2) 이메일의 장점

❶ 가장 신속하게 전달되는 메시지

만나서 진행하는 미팅이나 우편과 비교해서 이메일은 비교할 수 없는 빠른 정보 전달력을 자랑한다. 전송 버튼을 누르는 순간 상대가 언제, 어디에 있든 몇 초 이내에 바로 정보가 전달된다.

❷ 무료로 이용하는 놀라운 세상

몇개의 기업형 메일을 제외하고 대부분의 이메일은 무료로 제공된다. 비용적인 절감뿐만 아니라 시간의 절약 또한 얻을 수 있으니 1석 2조라고 볼 수 있다.

❸ 간편한 정보의 공유

이메일은 참조 버튼을 누르면 여러 명의 사람에게 동시 전송이 가능하다. 이러한 정보의 공유 기능은 팀 프로젝트나 업무 협조를 얻는 데 유용하게 활용되고 있다.

3) 이메일의 단점

❶ 보안이나 정보 유출의 가능성이 있다.

편리해진 기능만큼 반작용도 있는데, 참조인을 비롯해 정보의 공개 영역이 넓어질 수 있으며, 정보의 전달이 손쉽기 때문에 중요한 내용이 외부로 유출될 가능성이 높다.

❷ 돌이킬 수 없다.

최근 '발송취소' 기능이 생기기는 했지만, 이메일의 특성상 전송 버튼을 누르는 순간 여과되지 않은 정보와 감정이 상대에게 전달될 수 있다.

업무상의 실수로 수치나 오탈자, 그리고 상대의 기분을 상하게 하는 내용이 전달될 경우 이는 비즈니스나 개인관계에 큰 타격을 가져다 줄 수 있다.

❸ 넘쳐나는 스팸 메일의 환경

대부분의 직장인들은 여러 개의 메일 계정을 가지고 있고, 하루에도 수십 통의 메일을 받는다. 송수신의 편리성 때문에 이메일이 짧은 시간에 크게 성장했지만 그만큼 광고성 스팸메일 속에서 상대의 눈에 띄는 좋은 메일을 쓴다는 건 쉬운 일이 아니다. 게다가 상대가 쌓여가는 메일 속에서 나의 업무 메일을 놓치게 될 경우에는 상상 이상의 결과가 초래될 수도 있다.

이를 미연에 방지하기 위해서 바람직한 업무 이메일을 쓰는 방법을 잘 숙지해야 한다.

② 만점 이메일 작성법

완벽한 이메일의 3가지 조건

① 목적성을 명확히 파악하라.

메일을 보낼 때 잊지 말아야 할 것은 '어떤 내용을 알리고자 하는가?'와 '무엇을 얻고자 하는가?'이다. 그러므로 메일 작성 시에는 한눈에 이메일을 보낸 의도를 알 수 있도록 제목과 본문의 내용을 구성하도록 한다.

또한 복잡한 내용이 있을 때에는 첨부파일을 통해 충분한 정보 전달이 가능하도록 하며, 메일 본문은 최대한 알아보기 쉽게 깔끔하게 작성한다.

② 가장 효과적인 전달 방법인가?

의견을 전달하는 데는 전화, 대면 미팅, 우편, 이메일 등 다양한 종류를 활용할 수 있다. 그런데 메일을 상대에게 보내게 될 경우 과연 이것이 업무적으로, 그리고 정서적으로 가장 효과적인가에 대한 고민을 해볼 필요가 있다.

이메일의 경우 쉽고 간단하기는 하지만 그만큼 정성이나 성의의 부분에서는 감정 전달이 약하기 때문에 상황에 따라서는 성의 없어 보일 수도 있다는 점을 명심하자. 예를 들어 매우 사적인 내용이라든가 감정적인 내용을 이메일을 통한 '문자'언어로 표현하게 되면 언어의 어조가 주는 느낌이 빠지기 때문에 본의 아닌 오해를 사거나 감정을 상하게 만들 우려가 있다.

같은 내용이라도 만나서 할 때와 글로써 전달될 때는 큰 차이가 있기 때문에 "이것이 과연 이메일문자로 전달해도 좋은 내용인가?"에 대한 고민이 필요하다.

또한 메일을 보낼 때에는 상대에 대한 배려를 잊지 않도록 해서 적절한 언어적인 표현을 골라 쓰는 것은 물론이며, 상대의 상황과 감정을 고려하는 것이 좋다.

그리고 메일은 사적인 내용, 감사의 마음을 전달하는 것 등에는 부족함이 있다는 것을 명심하여 상황에 맞는 커뮤니케이션 방법을 선택하도록 한다.

③ 적절한 시기를 놓치지 말자.

연애도 이메일도 타이밍이 중요하다. 상대가 바로 확인한다는 보장이 없으므로 최대한 여유를 두고 보내고, 보낸 후에는 확인부탁 연락을 하는 것도 좋다.

또한 대체로 직장인은 대부분 출근과 동시에 컴퓨터로 메일을 확인하기 때문에 출근시간 이전에 메일을 보내는 것도 한 방법이다. 이를 고려하면 출근시간 조금 전에 메일을 보내는 것이 가장 좋은 타이밍이라고도 볼 수 있다.

왜냐하면 자신이 보낸 메일이 수신함의 제일 상단에 위치하고 있을 것이기 때문이다. 또한 미팅에서 처음 인연을 맺은 사이라면 당일날 명함에 적힌 메일 주소로 반가운 마음을 담아 메일을 보내는 것도 좋은 관계를 위한 tip이라고 할 수 있다.

3 이메일 표현의 핵심: 작성과 발송

1) 수신인 정보

메일을 받는 사람은 크게 수신인, 참조인, 비밀 참조인 등 3가지 형태로 구분되어 있다. 그리고 이런 구분은 수신자가 자신이 속한 그룹이 어디인지 알고 자신의 위치를 예상해 볼 수 있게 한다.

2) 제목

비즈니스 이메일은 제목이 반이라고 해도 과언이 아니다. 쏟아지는 메일 속에서 사람들은 제목을 보고 읽을지 여부를 판단한다.

직장인들은 하루에도 수십 통 이상의 메일을 받는다. 며칠만 확인하지 않으면 수백 통씩 쌓이는 메일들. 이 가운데서 대부분은 확인되지도 못한 채 휴지통으로 들어간다. 수많은 메일 속에서 상대가 메일을 선별하는 기준은 크게 두 가지이다.

"누가 보낸 메일인가?"와
"어떤 제목의 메일인가?"이다.

이 두 가지 정보로 필터링한 뒤 비즈니스 상대는 대부분의 메일을 스팸으로 처리해 버린다. 공들여 쓴 당신의 메일이 휴지통으로 직행하는 일이 일어나지 않도록 비즈니스 메일을 쓸 때는 특히 이 두 가지를 유념하면서 작성한다.

특히 제목은 우리의 호기심을 자극하는 중요한 촉매제 역할을 한다.

사람들의 큰 관심사는 "이것이 나와 어떤 연관이 있는가?" 혹은 "어떤 이익이 있는가"이다.

신문기사 혹은 인터넷에서 온라인으로 기사를 검색할 때 우리는 기사의 헤드라인을 주목한다. 단 한 줄로 기사가 읽을 만한 것인지 판단하는 것이다.

마찬가지로 당신이 보내는 메일의 제목도 본문의 내용을 함축하되, 담당자가 충분히 흥미를 보일 수 있을 만한 것으로 작성해야 한다.

예를 들면 "신제품 품평회 미팅 일정 공지" 등으로 특히 업무와 관련된 내용을 눈에 띄게 작성함으로써 용건의 핵심이 잘 드러나게 작성하는 것이 좋다.

자, 그럼 참고로 다음의 세 가지 제목 중에서 가장 좋은 제목이 어떤 것인지 한번 골라보자.

- 업무 메일입니다.
- 상반기 마케팅 회의 안건입니다.
- [시장조사 파일 첨부] 상반기 매출 10억 달성 마케팅 아이디어 제안입니다.

당연히 세 번째 제목이다.

메일의 내용을 신뢰할 만한 근거자료가 첨부되어 있으며, 수치도 제시되어 있기 때문에 담당자가 바로 관심을 가질 만한 내용이다.

[　]와 같은 글머리 기호를 잘 활용하면 메일의 내용을 보다 전문적으로 전달할 수 있다. [참조], [자료], [공지] 등을 앞에 넣는 것은 상대를 배려한 좋은 제목쓰기라고 볼 수 있다.

3) 내용

내용 부분은 메일의 주 목적인 핵심 메시지가 담기는 곳이다. 말하고자 하는 핵심사항을 간단명료하게 전달함으로써 메일이 길어지는 걸 방지한다.

도입부에는 상대의 이름을 불러주는 것이 좋다. 또한 간단명료한 메일을 지향하면서도 메일의 초반에 이름이나 안부글이 없이 바로 본론으로 들어가게 되면 극히 사무적이고 딱딱한 느낌이 들기 때문에 날씨나 요일등을 반영한 짤막한 안부글을 넣는 것이 바람직하다.

상대를 부를 때는 보통 이름과 직급을 쓰고, 직급을 모른다면 'ㅇㅇ님', 혹은 'ㅇㅇ선생님' 등의 표현을 쓰는 것이 보통이다.

일반적으로 메일의 초반에 쓸 수 있는 인사말의 예를 들자면,

"날씨가 많이 더워졌습니다. 건강은 잘 챙기고 계신지요?"와 같이 날씨를 활용한다든가, "주말은 잘 지내셨나요?" 등의 일상적인 안부글, 혹은 "항상 많은 도움에 감사드리고 있습니다."와 같이 공손한 업무연계성 인사말 등이 무난하다.

그리고 메일의 본론 내용은 한번에 내용이 파악되도록 간결하게 작성하며, 문장은 한 줄이 넘어가지 않게 짧게 끊어쓰는 것이 포인트이다.

다음의 두 글을 비교해보자.

사례

이번 시스템 통합에 따라 다양한 이점이 있을 것으로 예상되는 바입니다. 우선은 원스톱 고객응대가 가능해져서 고객과의 전화연결이 30초 이내로 짧아지며 인건비 측면에서도 약 25% 정도의 비용절감 효과가 있을 것으로 기대됩니다.

시스템 통합의 기대효과
1. 고객응대 시간의 단축 (30초 내외)
2. 비용절감 효과 (약 25%)

어떤 것이 더 읽기 편하고 한눈에 들어오는가? 바로 두 번째 내용이 비즈니스 메일로서는 더 효율적이라고 볼 수 있다. 비즈니스 메일을 쓸 때는 짧고 임팩트 있게 내용을 작성하는 것을 잊지 말자.

4) 끝인사 및 발신정보

비즈니스 업무차 메일을 보냈더라도 마지막에는 인간미를 느낄 수 있는 좋은 글귀로 마무리 한다. 날씨나 근황에 대한 마무리 인사등 감성적인 어구 한두 줄이 비즈니스 관계의 윤활유가 되기도 한다.

비즈니스 메일에서 많이 쓰이는 인사말을 모아보자면 다음과 같다.

- 늘 감사한 마음입니다. 앞으로도 잘 부탁드립니다.
- 제가 도울 일이 생기면 언제든 연락주시면 좋겠습니다.
- 내일도 행복한 일이 가득하시길 바랍니다.
- 오늘도 힘찬 하루 보내세요.
- 환절기인데 건강 잘 챙기세요.

인간미가 느껴지는 따뜻한 메일, 친절하지만 적정선에서 예의와 거리 감을 지킨 메일은 상대를 기쁘게 한다. 하지만 '과유불급過猶不及'이라는 말이 있듯이 자칫 너무 친한 척해서 부담감을 주지 않도록 유의하면서 메일의 내용을 마무리 하도록 한다.

5) 발신자명

발신자명은 놓치기 쉬운 포인트이다. 발신자명은 상대가 보낸 사람이 누구인지 메일을 읽지 않고도 확인이 가능하도록 실명으로 작성한다. 가끔씩 알 수 없는 별명을 사용하는 사람들을 볼 수 있는데 이는 업무적으로 프로페셔널의 느낌을 주기 힘들다는 것을 명심하자.

또한 이름 외에 끝인사 시에 서명란을 활용하는 경우가 많이 있는데 보통의 경우는 이래와 같이 회사와 직급, 연락정보 등 기본정보를 명기하여 상대가 언제든지 연락을 할 수 있도록 잘 관리하도록 한다.

① 회사와 부서명	(주) ○○전자 ○○팀
② 이름 / 직위	○○팀 ○○과장
③ 회사 전화번호	회사의 대표번호가 아닌 직통번호를 적는다.
④ 휴대폰 번호	외근 시 급한 연락을 받을 경우를 대비
⑤ 회사 주소	상대가 우편물을 보내게 될 경우를 고려하여 작성
⑥ 메신저 등 개인 SNS 정보	페이스북, 블로그, 트위터 등

또한 수신인에 따라 '배상', '드림', '올림' 등으로 적는다(참고: 뒷페이지).

6) 참조와 숨은 참조

메일을 동시에 여러 명에게 보내게 될 경우 흔히 사용하는 것이 바로 '참조' 기능이다. 이때 참조는 메일을 받는 사람 모두에게 메일의 주소가 표시되는 것이고, 숨은 참조는 수신자의 주소가 나오지 않기 때문에 자신 이외의 수신인에 대한 정보가 공개되지 않는다. 따라서 수신자들이 서로 잘 알지 못하는 경우에는 꼭 숨은 참조 기능을 활용하도록 한다. 곧 '참조'와 '숨은 참조'의 기능은 정보의 공개 영역에 대한 것으로서 '누구와 공유할 것인가?'라는 것이 핵심이므로 참고하도록 한다.

배상, 올림, 드림의 차이

서명 형식의 이 표현은 꼭 웃어른께 드리는 편지나 이메일에서뿐만 아니라, 업무관련 메일일, 혹은 청첩장과 같은 초대글이나 감사의 마음을 전하고자 하는 인사말이나 문구에도 사용하고 있다. '올림', '드림', '배상'의 공통점은 바로 나를 낮추고 상대방을 높인다는 의미를 갖고 있다는 것이다. 하지만 미묘한 차이가 있으니 한번 짚어보도록 하자.

표준 화법에 따르면 윗사람에게 편지를 쓸 때 서명란(받는사람)에 "○○○ 올림"과 "○○○ 드림"을 쓰고 동년배에게 보낼 때는 "○○○ 드림"을 아랫사람에게는 "○○○ 씀"을 쓰도록 권고 하였다. 문화관광부 소속 정부기관인 국립국어원에서는맞춤법을 만들고 사전을 만드는 일도 하지만, 표준 화법을 정하는 일도 하고 있다.

그리고 "절하며 올림"의 뜻으로 "배상(拜上)"이라는 말을 쓰는 경우도 있다. 이는 우리말이 아니고 한자이다.

① '배상'

배상(拜上)은 한자어로, '엎드려 절하여 올린다는 뜻'이다.
나보다 나이나 지위가 높은 윗사람에게 편지 등과 같은 서신을 보낼 때 쓰는 아주 예스럽고 정중한 표현이다.

② '올림'

순수한 우리말로 '배상'과 같은 의미이다. 아랫사람이 편지와 같은 글귀를 윗사람에게 바친다는 뜻이다.
즉, '배상'과 '올림' 둘 다 맞는 말이지만, 이름 뒤에 순수한 우리말인 '올림'이라고 쓰는 게 더 바람직한 표현이라고 할 수 있다.

③ '드림'

편지를 쓸 때 '드림'과 '올림'은 비슷한 의미로 쓰이지만, '어떤 물건을 드리다'라는 의미도 품고 있기 때문에 웃어른께 편지나 청첩장과 같은 초대나 감사의 문구를 적을 때 '드림'보다는 '올림'이라고 쓰는 게 좀 더 어울리는 경우가 있다.
'드림'은 거래처 등 연배를 떠나서 서로가 존중할때 사용하면 딱 좋은 표현법이며,
반대로 윗사람이 아랫사람에게 예를 갖출 때 올림 배상 보다는 드림을 쓰는 것이 어울린다.
완전한 아랫 사람일 경우에는 '씀'이라고도 표현한다.

어떤 글에는 드림은 동년배 또는 손아랫사람에게 쓰고 손 윗사람에게는 올림을 써야 한다고 하는데 표준 화법에 따르면 꼭 그럴지는 않다. 손 윗사람에게는 드림과 올림을 모두 쓸 수 있다.

추가로 문장의 끝에는 "점(온점)-마침표"을 찍는데, 명사형으로 끝난 문장도 사건이나 생각등을 차례대로 말하거나 적은 서술의 한 방식이며 문장의 마침 이므로 "○○○ 드림" 처럼 온점을 쓰는 것이 적절하다.

[출처] http://blog.naver.com/rlacnsdhr68/60191291518 참조.

■ 이메일 표현의 핵심 : 작성과 발송

받는 사람		▼	주소록
참조		▼	
제목		▼	

4 이메일 표현의 핵심 : 답신

1) 신속하고 효율적인 답장 보내기

이메일을 확인하고 답장을 바로 보내지 않는 것은 상대방에 대한 예의가 아니다. 상황이 여의치 않아 답장을 바로 할 상황이 안 된다면 "확인했습니다."라는 짧은 글로 자신이 이메일을 확인했다는 것을 상대에게 알리도록 한다.

2) 'Re'의 효과적인 활용

자신이 보낸 메일이 무엇에 대한 회신인지 상대가 쉽게 알 수 있도록 답장 모드로 메일을 보낼 수도 있다. 이는 상대가 이전에 보낸 메일의 내용을 손쉽게 확인할 수 있도록 해주는 배려라고 볼 수 있다.

다만, 새로운 용건이 생겨서 메일을 보내게 되는 경우에는 새로 메일을 작성하도록 한다. 자칫하면 성의 없이 메일을 보내는 것처럼 느껴질 수도 있기 때문이다.

3) 답신이 꼭 필요한 사람에게만 답장하기

나에게 메일을 직접적으로 준 사람 외에 '참조' 혹은 '숨은 참조'로 되어 있는 사람이 있을 경우 어느 선까지 답장을 할 것인가 결정한다.

이는 나의 시간뿐 아니라 답장을 받는 사람의 시간도 낭비할 수 있는 일이기 때문에 나의 답장이 필요한 사람이 누구인지 결정하고 우선순위에 입각해 메일을 보내도록 한다.

4) 제목 만으로도 메시지를 파악하게끔 하라

상대가 중요 내용을 보냈다면 새로운 제목보다는 'Re:'를 활용하는 것이 좋다.

그래야 메일을 보낸 상대가 답신 메일이라는 것을 한눈에 알고 보다 관심있게 메일을 확인할 가능성이 높아진다.

또한 [하반기 마케팅 일정 확인] 등의 글머리 기호를 붙이면 제목만 보고도 한눈에 어떤 내용을 전달하고자 하는지 알려 줄 수 있기 때문에 메일을 글머리에 뽑아내는 습관을 들이도록 한다.

5) 상대를 배려한 파일 첨부

이메일의 편리한 기능 중 하나는 파일 첨부 기능이 있다는 것이다. 이 때 상대방이 편하게 받아볼 수 있게끔 용량을 압축해서 보내고, 상대가 확인 가능한 종류의 파일인지 쉽게 알 수 있도록 첨부파일에 확장자명을 붙이도록 한다.

용량이 너무 큰 메일을 보내게 되면 다운받을 때에 오래 걸리고, 상대의 메일 용량이 작다면 내가 보낸 메일로 꽉 차게 되는 경우가 생길 수도 있으므로 꼭 필요한 내용만 정리해서 첨부파일을 보내도록 한다. 또한 대용량 메일을 보낸 상대의 메일에 그대로 답장을 하지 않도록 주의하도록 한다.

또한 첨부파일의 개수는 최소한으로 해서 상대가 일일이 열어보는 번거로움을 줄여주도록 한다.

그럼 첨부파일을 보낼 때의 3가지 원칙을 정리해 보도록 하자.

① 내용을 알수 있게 파일명을 작성한다.

파일의 이름이 '20170307'처럼 내용을 알 수 없는 것이 아니라 '마케팅 수요조사_20170307'처럼 정보를 담은 제목을 쓰면 상대가 파일을 열어보지 않고도 내용을 미리 짐작 할 수 있다. 보내는 사람의 작은 배려로 받는 사람의 시간과 노력을 절약해 줄 수 있다는 것을 잊지 말자.

② 첨부파일의 용량은 최소화한다.

100기가씩 주는 포털 사이트의 메일 용량에 비해 회사의 내부 메일은 용량이 작은 것이 보통이다. 따라서 가급적 용량을 줄여서 메일을 보내는 것이 상대를 배려하는 방법이다. 압축 파일을 활용하고 AVI 파일 등은 WMA 등으로, BMP 파일은 JPG 파일 등으로 변환해서 보내게 되면 용량 부담이 줄어드니 참고하도록 한다.

③ 파일 첨부 여부를 꼼꼼히 체크한다.

흔히 일어나는 실수로 첨부파일을 넣지 않고 메일을 보내는 일이 생기곤 한다.

일처리가 꼼꼼하지 못하다는 치명적인 모습으로 인식되므로 메일을 보낼 때에는 파일이 제대로 첨부되었는지, 그리고 첨부한 파일이 잘 열리는지도 체크하고 보내도록 한다.

⑤ 이메일 효율을 높이는 DB 구축하기

매일매일 쏟아지는 메일을 효과적으로 관리하기 위해서는 기준을 정해서 폴더를 만들어 관리하는 것이 좋다. 업무적인 것과 개인적인 것으로 큰 틀을 구분하며 세부적으로 DB 가이드를 주자면 다음과 같고 개인에 따라 자신이 편한 방식으로 구성해서 사용하면 된다.

① 사내 메일같은 팀

② 사내 메일우리 팀 외 모든 곳

③ 업무상 거래처 메일주요 고객사별로 분류할 수도 있다

④ 단기/ 중기/ 장기 프로젝트

⑤ 개인 메일지인과의 안부글 등

⑥ 기타 자료

♣ 문서작성의 예절

1) 문서작성 시의 기본자세
- 직장에서의 업무는 대부분 문서에 의해 이루어지고 있다.
- 내부적으로는 업무계획서, 보고서, 공문서, 기안문서, 업무일지, 회의록 등 많은 문서와 대외적으로는 공문서, 주문편지, 알림편지, 초대편지, 선전용 인쇄물 등이 있다.
- 이러한 문서들은 어디까지나 자신의 생각을 상대방에게 정확하게 전달하기 위한 것으로 "읽어주기를 바라는 것"이어야 한다.
- 직장은 무엇보다도 결과를 중히 여기는 사회이므로 언제나 결론이 먼저라는 생각으로 문서를 작성한다.
- 직장에서의 문서나 편지를 작성하는 데 있어서도 육하원칙을 활용하면 요약된 문장을 작성할 수 있다.
- 그리고 다른 사람이 읽어서 잘 이해할 수 있는 문장이 되기 위해서는 간결하게 요약된 예의바른 문장과 함께 시각을 끌어들이는 배열이나 글씨체에까지 관심을 가져야 한다.

2) 문서작성 시의 기본요령
- 읽기 쉽고 격식에 맞는 글을 써야 한다. 틀린 글자나 빠진 데가 없도록 하고 맞춤법에 주의한다.
- 숫자는 특별히 정확하게 쓰도록 한다.
- 글씨를 효과적으로 배열하여 전체 문장이 잘 정돈되게 한다.
- 한 문장이 너무 길어지지 않도록 한다.
- 결론을 먼저 쓰도록 한다.
- 읽는 쪽의 입장에서 쓴다.

1. 완벽한 이메일의 3가지 조건을 적으시오

2. 수신인 정보는 크게 어떻게 구분되는가?

3. 답장 시에 자신이 보낸 메일이 무엇에 대한 회신인지 상대가 쉽게 알 수 있도록 보내는 답장 모드는 무엇을 말하는가?

4. 상대를 배려한 파일첨부의 원칙 3가지는?

5. 효과적인 메일 관리를 위한 기준으로 업무적인 것, 개인적인 것 등 세부적으로 (   )하면 편한 방식으로 메일 관리가 가능하다.

MEMO

MEMO

BUSINESS MANNER

GLOBAL ETIQUETTE

10

테이블
매너

① 식사 전 매너

1) 예약하기

평상시 회사 주변 식당에 가는 날을 제외하고, 접대나 사교 목적으로 고급식당에 가야 한다면 잊지 말고 꼭 해야 할 것이 있다. 바로 예약이다. 현대인들은 바쁜 시간을 계획적으로 살아가고 있기 때문에 요즘은 예약문화에 익숙하다. 식당 측에서도 예약 고객 수나 메뉴를 미리 염두에 두어 준비를 할 수 있기 때문에, 보다 나은 서비스를 제공할 수 있다.

2) 예약 시 주의사항

예약은 방문 예약, 전화 예약, 팩스 및 이메일 예약 등이 있다. 보통은 전화 예약을 사용하나 대규모 만찬이나 참여인원이 많은 경우, 중요 모임일 경우에는 팩스나 이메일을 통해 테이블 수, 위치, 모양, 좌석 배치를 알려야 한다.

(1) 예약과 취소 방법

❶ 예약일, 요일, 참석인원 수, 시간, 이름

② 모임의 종류를 알려야 한다.

　　예 종교모임, 학부모모임, 세미나 등

③ 음식준비 외 필요한 물품을 알린다.

　　예 케이크, 샴페인, 사진촬영 등

④ 보통 7~10일 전에 예약한다.

⑤ 최소한 하루 전에는 예약 취소를 알린다.

(2) 예약 전 확인사항

① 깨끗하고 위생적인가

② 주차시설이 구비되어 있는가

③ 참여인원을 수용할 정도의 규모인가

④ 모임 종류와 메뉴가 어울리는가

⑤ 종업원의 서비스와 친절도가 훌륭한가

3) 도착 시 에티켓

① 짐이 많은 경우

호텔이나 레스토랑에는 입구 쪽에 물품을 보관할 수 있는 공간이 있다. 짐이 많다면 이곳에 맡겨두도록 하자. 식당 통로에 큰 짐을 두면 종업원이나 손님에게 방해가 될 수 있다.

② 화장실 미리 가기

자리에 앉기 전에 미리 화장실에 가도록 한다. 손도 먼저 씻고 거울 앞에서 매무새를 확인한다. 식사 시 더러운 손은 상대에게 불쾌감을 줄 수 있고, 식사 중 화장실을 자주 가면 대화가 끊길 수 있다.

③ 좌석 확인하기

식당 입구에서 직원에게 좌석을 확인하고 안내받는다. 빈 자리가 있다고 해서 무턱대고 들어가 앉는 건 실례이다. 안내받은 자리가 마음에 들지 않을 경우, 직원에게 희망하는 자리를 요구해도 괜찮다.

④ 남녀 순서

손님을 안내하는 직원이 있을 경우, 여자가 먼저 들어가고 남자가 뒤따른다. 손님을 안내하는 직원이 없을 경우, 남자가 안내하며 먼저 들어가고 여자가 뒤따른다.

⑤ 두꺼운 외투를 입은 경우

동반한 여성이 두꺼운 코트를 입었다면 남성이 뒤에서 코트를 받아주는 것도 매너이다.

4) 착석 시 에티켓

(1) 착석 시 주의사항

① 식탁과 주먹 2개 간격을 두고 의자 깊숙이 앉는다.

② 등을 의자에 기대지 않는다.

③ 양 무릎을 과하게 벌리지 않는다.

④ 식탁 위에 팔꿈치를 올리지 않는다.

⑤ 여성은 가방을 등 뒤, 발 옆, 빈 옆자리에 둔다.

⑥ 냅킨은 반만 펴서 사용한다.

⑦ 냅킨은 무릎 위에 놓고 음식이 떨어져 옷에 묻는 것을 방지하고 입술과 손을 닦는 데 사용한다. 어린이는 목에 둘러도 무방하다.

⑧ 식탁에서 신문이나 잡지를 보는 것은 실례이다.

⑨ 다리를 꼬고 앉거나 허리를 앞으로 구부리지 않는다.

⑩ 과한 손동작은 하지 않는다.

⑪ 다리가 상대방 다리에 닿을 정도로 뻗지 않는다.

(2) 상석을 결정하는 우선순위

1. **연령 순**　연령이 높은 사람부터 낮은 사람 순서로 상석에 앉는다.

2. **직위 순**　직위가 높은 사람부터 낮은 사람 순서로 상석에 앉는다.

3. **성별 순**　여성에서 남성 순서로 상석에 앉는다.

4. **기혼여부**　기혼자부터 미혼자 순서로 상석에 앉는다.

☘ 위의 네 가지가 혼재되어 결정이 어려울 경우에는 직장에서는 직위 순, 그 외에는 연령 순 또는 성별 및 기혼여부를 고려해 상석을 결정한다.

(3) 상석 위치

1. **벽을 등진 자리**　벽을 등지고 앉으면서 시야가 확보되는 자리가 가장 상석이다.

2. **입구 쪽에서 먼 자리**　혼잡하지 않고 조용한 자리가 상석이다.

3. **경치를 바라볼 수 있는 자리**　창가 쪽이나 좋은 경치를 볼 수 있는 자리가 상석이다.

4. **상석과 가까운 자리**　위의 기준에 따라 자리를 잡은 최상석에 가까운 자리일수록 순차적으로 상석이 되고, 멀리 앉은 자리가 말석이 된다.

(4) 메뉴 주문 시 주의사항

1. 메뉴가 읽기 어려운 경우, 직원에게 물어본다.

2. 착석하자마자 주문하는 것보다 메뉴를 훑어보고 여유 있게 주문한다.

3. 웨이터를 부를 때는 시선을 맞춘 후 손을 가볍게 든다.

4. 옆 테이블의 음식을 손가락으로 가리키는 행동은 실례이다. 웨이터에게 음식의 이름을 물어보고 같은 것으로 주문한다.

⑤ 초대받은 경우, 초대한 사람의 음식가격과 비슷한 가격의 음식을 주문한다.

⑥ 주문은 일행과 함께 한다.

⑦ 소믈리에가 있는 레스토랑일 경우, 주문한 요리에 어울리는 와인을 추천받는다. 소믈리에가 없다면 웨이터가 와인 안내를 대신한다.

⑧ 음식을 주문할 때 여자 – 남자 순, 연령 순에 따른다.

⑨ 양식 주문 시, 메인 코스를 먼저 고르고 그에 어울리는 전채 요리를 선택한다. 디저트는 메인 코스를 마친 후 주문해도 된다.

② 식사 중 매너

1) 식사 중 주의사항

① 음식물을 소리내어 먹지 않는다.

② 테이블에 팔을 괴거나 등을 등받이에 심하게 기대거나 팔꿈치를 테이블 위에 올려놓지 않는다.

③ 트림을 하지 않는다.

④ 식사하다가 핸드폰이나 신문을 보지 않는다.

⑤ 젓가락질, 포크, 나이프를 올바르게 사용한다.

⑥ 포크나 젓가락으로 음식을 휘젓지 않는다.

⑦ 더러운 이야기는 하지 않는다.

⑧ 입속에 음식물이 있을 때는 되도록 말하지 않는다.

⑨ 가급적 전화통화는 하지 않는다. 꼭 필요한 통화는 상대방에게 양해를 구한다.

⑩ 먼저 식사를 끝냈다고 해서 일어나는 건 실례이다.

⑪ 테이블에 음료를 흘렸을 때, 냅킨으로 직접 닦지 않는다. 종업원을 불러 닦아줄 것을 요청한다.

⑫ 테이블 아래로 물건이 떨어졌을 때는 직접 줍지 않고 종업원에게 새 것을 요청한다.

⑬ 이쑤시개는 냅킨으로 입을 가리고 입을 아래쪽을 향한 후 사용한다.

⑭ 한꺼번에 많은 음식을 입에 넣어서 입 밖으로 음식이 튀어나오지 않아야 한다.

⑮ 숟가락과 젓가락을 동시에 사용하지 않는다.

2) 양식 도구 사용법

식사도구로는 전채용 나이프, 디너 나이프와 포크, 수프 스푼, 디저트 스푼과 포크, 샐러드 포크, 양념통, 핑거볼, 잔 등이 있다. 다음 식사도구 사용법과 주의할 점을 살펴보자.

① 데코용 접시 및 냅킨	⑦ 메인디시 포크	⑬ 물잔
② 빵접시	⑧ 샐러드 포크	⑭ 레드 와인잔
③ 메인디시 나이프	⑨ 생선 포크	⑮ 화이트 와인잔
④ 생선 스프레더	⑩ 에피타이저 포크	⑯ 소금/후추
⑤ 스푼	⑪ 버터 스프레더	⑰ 커피잔
⑥ 에피타이저 나이프	⑫ 디저트 포크 / 스푼	

① 접시를 중심으로 오른쪽에 나이프, 왼쪽에 포크가 놓인다. 위치한대로 오른손에 나이프, 왼손에 포크를 잡는다.

② 포크와 나이프는 바깥에서 안쪽 순으로 사용한다.

③ 음식물을 씹고 있을 때 포크와 나이프는 접시 위에 올려놓는다.

④ 나이프를 사용한 후 반드시 칼날이 자기 쪽을 향하도록 놓는다.

⑤ 나이프를 입 안에 직접 넣는 것은 금물이다.

⑥ 나이프와 포크를 손에 쥐고 말하지 않는다.

⑦ 나이프로 음식을 먹지 않는다.

⑧ 메뉴에 생굴이 있을 경우, 따로 나오는 포크를 사용한다.

⑨ 빵이나 샐러드 접시는 왼쪽에 놓는다.

⑩ 양념통이 손에 닿지 않으면 가까운 사람에게 부탁해서 건네받는다.

⑪ 핑거볼은 손으로 먹는 음식이 나올 때 제공되며, 손가락 끝을 담갔다가 냅킨으로 닦아낸다.

⑫ 잔은 식전주, 와인잔, 물잔 순으로 왼쪽에서 오른쪽으로 배열한다.

⑬ 레드 와인잔이 화이트 와인잔보다 크며, 가장 큰 잔이 물잔이다.

3) 식사 순서

(1) 전채요리|appetizer

식전에 식욕을 돋우는 간단한 요리를 칭한다. 단맛 나는 음식은 피하고 식욕을 돋우는 요리이므로 많이 먹지 않는 것이 좋다. 전채요리로는 다음과 같은 음식이 있다.

① **생굴**oyster　　레몬을 뿌려먹는 것이 일반적이며 짭조름하고 그윽한 향으로 식욕을 돋아준다.

② **캐비아**caviar　　철갑상어의 알로 비타민, 단백질이 풍부하고 지방이 적어 칼로리가 낮은 건강식품으로도 잘 알려져있다.

③ **카나페**canape　　담백한 크래커나 식빵을 잘게 잘라서 치즈나 과일, 햄 등을 올려서 먹는 오픈 샌드위치이다.

④ **새우 칵테일**shrimp cocktail 새우를 이용한 차가운 전체요리로 칵테일 글라스에 제공된다.

⑤ **에스카르고**escargot 식용 달팽이를 말하는 뜨거운 전체요리로 껍질 째 제공되거나 전용그릇에 살만 내기도 한다. 껍질 째 나오는 경우는 전용집게(tong)로 껍질을 고정한 후 전용포크를 사용해 살을 꺼낸다.

⑥ **푸아그라**foie gras 거위나 오리의 '비대한 간'이라는 뜻으로 단백질, 비타민A, E, 철, 인, 칼슘 등 빈혈이나 건강증진에 도움되는 성분이 풍부하나 독특한 향이난다.

따뜻한 전채요리에는 가벼운 주요리, 차가운 전채요리에는 깊은 맛을 내는 주요리를 함께 먹는 것이 좋다. 푸아그라를 먹었다면 맛이 비슷한 수프나 생선요리는 생략해도 무방하다.

(2) 수프

① 뜨거운지 확인하고 스푼으로 저어서 식혀가며 먹는다.

② 수프볼을 들고 마시거나 남은 수프를 빵에 찍어 먹는 것은 수프 맛이 우수함을 나타내기도 한다.

③ 수프를 먹는 방법에는 미국식앞쪽에서 바깥쪽으로 떠먹는다과 유럽식바깥쪽에서 앞쪽으로 떠먹는다이 있다.

(3) 빵과 버터

① 빵을 먹을 때 포크나 나이프를 사용하지 않고 한입 크기로 뜯어 버터를 발라 먹는다.

② 빵은 테이블 왼쪽에 놓인 것만 먹는다. 오른쪽에 놓인 빵은 다른 사람 것이다.

❸ 빵은 수프가 끝나면 제공하지만 테이블에 처음부터 있었다면 조금 씩 먹어도 무방하다.

(4) 샐러드

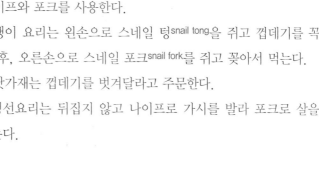

❶ 유럽에서는 주요리 후에, 미국 에서는 전에 나온다.

❷ 샐러드에 드레싱을 곁들여 먹기 도 한다. 이때 프렌치드레싱은 샐러드에 직접 부어 서, 마요네즈 소스는 따로 찍어서 먹는다.

❸ 야채는 고기와 조화를 이룬다. 고기와 샐러드를 골고루 먹는 것이 좋다.

❹ 샐러드용 나이프와 포크가 함께 제공되지만 포크로만 먹어도 된다.

(5) 주요리

가. 생선요리

❶ 주문할 때 가시 유무를 확인한다.

❷ 보통 가시를 제거한 살만 제공하므로 나이프와 포크를 사용한다.

❸ 달팽이 요리는 왼손으로 스네일 텅snail tong을 쥐고 껍데기를 꼭 잡 은 후, 오른손으로 스네일 포크snail fork를 쥐고 꽂아서 먹는다.

❹ 바닷가재는 껍데기를 벗겨달라고 주문한다.

❺ 생선요리는 뒤집지 않고 나이프로 가시를 발라 포크로 살을 먹 는다.

나. 육류요리

❶ 스테이크는 한꺼번에 잘라 놓지 않는다. 포크로 고정시키고 나이프로 조금씩 잘라가며 먹는다. 전부 잘라놓고 먹으면 육 즙이 전부 흘러 맛이 떨어지고 금세 식어 맛이 떨어진다.

- **레어**rare : 겉면은 짙은 붉은 색으로 색깔만 내고, 자르면 속에서 피가 흐르도록 굽는다.
- **미디엄 레어**medium rare : 겉면은 선명한 붉은색으로, 자르면 피가 보일 정도만 굽는다.
- **미디엄**medium : 겉면은 옅은 붉은색으로, 절반 정도 익힌다.
- **미디엄 웰던**medium welldone : 겉면은 핑크색을 띠며, 단단하고 탄력이 느껴진다.
- **웰던**welldone : 겉면은 옅은 회색으로, 육즙이 조금 있고 단단하다.
- **베리 웰던**very welldone : 겉면은 돌회색을 띠며, 뻣뻣하고 육즙이 거의 없으며 매우 단단하다.

② 스테이크는 굽는 정도에 따라 맛이 달라지므로 취향대로 굽기 정도를 주문한다.

③ 스테이크는 결을 따라 세로로 자른다.

④ 스테이크는 소스가 나오면 함께 먹는다.

⑤ 소금이나 후추는 먼저 맛을 본 후 취향에 맞게 사용한다. 처음부터 조미료를 사용하는 것은 매너에 어긋나며 주방장을 무시하는 행동으로 보일 수 있다.

⑥ **양고기** 왼손으로 종이가 감긴 뼈를 잡고, 오른손으로 살코기를 발라낸다.

⑦ **닭고기** 손으로 먹어도 무방하다.

⑧ **핑거푸드**finger food손으로 먹는 요리 옥수수는 손으로 먹어도 무방하다.

⑨ 콩은 포크 등으로 으깨어 먹고 구운 감자 껍질은 먹어도 된다.

(6) 디저트

① **종류** 과자류치즈, 과자, 케이크, 과일류, 아이스크림

② **유래** 프랑스어 '데세르비르desservir'가 어원으로 치우다, 정리하다를 뜻한다.

③ 과자는 부드러운 것으로 먹고, 과일은 수분 함량이 높은 것으로 선택한다.

④ 핑거볼로 손가락 끝을 닦고 포도는 손으로 먹는다.

⑤ 뜨거운 디저트는 조리시간을 염두하고 미리 주문한다.

(7) 커피와 차

① 손가락을 손잡이에 끼우지 않고 커피 잔을 가볍게 잡고 마신다.

② 보통 식후에는 진한 커피를 제공한다. 진한 커피는 입안을 개운하게 한다.

③ 티백 차를 마실 경우, 티백은 컵 뒤쪽에 가로로 놓는다.

④ 알코올이 가미된 커피는 식후주와 커피 맛을 동시에 맛볼 수 있다.

　－ 아이리시 커피 : 커피 ＋ 아이리시 위스키 ＋ 생크림

　－ 카페로열 : 커피 ＋ 코냑 ＋ 오렌지 향

4) 식사 중 에티켓

① 화장실에 갈 경우, 가볍게 목례만 하고 냅킨을 의자에 올려놓고 간다.

② 뜨거운 음식을 먹었을 때 찬물을 마신다. 물이 없을 때는 종이냅킨에 뱉고 보이지 않게 싼 후 그릇 한쪽에 놓아둔다. 음식이 상한 경우도 같은 방법으로 행동한다.

③ 전화통화는 하지 않으며 꼭 필요한 통화는 양해를 구한다.

④ 중간에 먼저 가야 할 경우, 웨이터에게 알린다. 그래야 종업원이 음식을 더 이상 가져오지 않는다.

⑤ 코를 풀 때나 땀을 닦을 때 절대 냅킨을 사용하지 않는다. 자신의 손수건이나 휴지를 사용한다.

Tip

❀ **식전주** aperitif
식욕을 돋우기 위해 식사 전에 제공하는 술로, 베르무트, 칵테일, 셰리주, 샴페인, 와인, 맥주 등이 있다.

❀ **식중주** table wine
식사와 함께 즐기는 술로, 샴페인, 와인, 맥주 등이 있다.

❀ **식후주** digestifs
소화를 촉진시키기 위해 식사 후에 제공하는 술로, 리큐어, 베르무트, 위스키, 브랜디 등이 있다.

식사 후 매너

① 식사를 마치고 모두 일어설 때까지 냅킨을 테이블 위에 올려놓지 않는다.

② 접시 오른쪽에 포크와 나이프의 손잡이가 평행하도록 나란히 접시 위에 놓는 것으로 식사를 마쳤음을 알린다. ^{사진} **참조**.

③ 상대가 아직 한참 식사 중일 때 포크와 나이프를 내려놓는 행동은 부담될 수 있다.

④ 식사가 먼저 끝나면 자리에서 일어나지 않고 기다린다.

⑤ 커피나 식후주를 거의 마신 후에 웨이터에게 계산하고 싶다는 신호를 보내면 계산서를 가져다준다. 그러면 앉은 자리에서 계산한다.

⑥ 계산을 각각 하는 경우, 대표로 한 사람이 계산한 후 밖으로 나와 정산한다.

⑦ 팁은 자연스럽게 전달한다.

　　예 계산서에 넣기

⑧ 식사를 다 마치고 일어날 때 냅킨을 접어 테이블 위에 올려놓는다.

⑨ 여성이 코트를 벗어두었다면 뒤에서 입혀 주는 것이 좋다.

식사 중일 경우

식사를 마친 경우

④ 와인 매너

1) 와인의 종류

제조방법과 빛깔에 따라 세 가지로 분류한다.

(1) 레드 와인red wine

- **제조과정**　붉은색 또는 푸른색 포도를 발효시킴
- **알코올 농도**　12~14%
- **적정 온도**　18℃ 정도
- **추천음식**　스테이크 등 붉은빛 육류 요리와 함께 마신다.
- **특징**　고기를 부드럽게 해주는 타닌 성분이 있어 고기요리 외에도 여러 음식에 잘 어울린다. 콜레스테롤을 억제하는 효과가 있다.

(2) 화이트 와인white wine

- **제조과정**　포도껍질을 없애고 포도즙만 발효시킴
- **알코올 농도**　10~13%
- **적정 온도**　5~10℃
- **추천음식**　생선요리나 조개류 등 흰색 요리 또는 야채와 어울린다.

♣ 와인 선택 시 확인할 점
• 포도의 생산연도
• 포도 품종
• 포도 재배나라와 지역 제품명
• 와인 등급
• 생산 회사

• **특징** 레드 와인에 비해 당분 함량이 적어서 숙성기간이 짧고 타닌 성분이 적어 장시간 보관할 수 없다.

• **권장** 반드시 차갑게 마신다.

(3) 로제 와인rose wine

• **제조과정**
  - 포도껍질을 같이 넣고 발효시키다가 색을 띠면서 액이 나오면 껍질을 제거하고 과즙을 계속 발효시킴
  - 붉은 포도를 압착해서 껍질과 씨를 제거하고 과즙을 발효시킴

• **특징**
  - 핑크빛을 띤다.
  - 보존기간이 짧고 숙성기간이 짧다.
  - 차갑게 마신다.
  - 타닌 함량이 적어 달콤하다.

2) 와인 마시는 법

(1) 순서

① 와인잔을 좌우로 가볍게 흔들어 공기와 닿는 면이 넓어지도록 한다. 햇빛이나 전등에 와인잔을 비추어 색을 감상한다.

② 색을 감상한다.

③ 와인잔을 들어 향을 음미한다.

④ 소량을 마시면서 휫파람을 불 듯이 공기를 마셔 깊은 맛을 음미한다.

⑤ 입맛을 다시듯이 혀로 입안에 남은 뒷맛을 음미한다. 알코올 농도가 낮은 것부터 마신다. 처음부터 맛이 강한 와인을 마시면 혀의 감각이 둔해져 맛을 느낄 수 없다.

(2) 와인 상식

① 주문한 음식에 따라 어울리는 와인을 고른다.

② 소믈리에sommelier에게 도움을 요청한다.

③ 와인을 따를 때에는 반드시 받는 사람의 오른편에서 따른다.

④ 시계 반대 방향으로 여성의 잔부터 따르고 다시 시계 방향으로 남자에게 따른다.

⑤ 와인잔의 2/3 정도만 따른다.

⑥ 천천히 맛과 향을 음미하면서 마신다.

⑦ 남은 와인은 빠른 시일 내에 마시는 것이 좋다.

♣ 와인 보관 시 주의사항

● 오래 두면 변질될 가능성이 있다.

● 환기가 잘 되는 서늘한 그늘에 보관한다.

● 온도 15℃ 내외, 습도 60~80% 정도가 좋다.

● 오랜 시간 와인을 세워두면 코르크 마개가 말라 와인이 변질될 수 있기 때문에 눕혀서 보관한다.

⑤ 세계 각국의 식사 매너

1) 한국

1. 웃어른부터 상석에 앉고 어른이 먼저 수저를 들면 식사를 시작한다.
2. 식사 중에는 음식 먹는 소리를 내지 않도록 한다.
3. 음식을 골라먹거나 뒤적거리며 먹지 않는다.
4. 숟가락, 젓가락을 양손으로 함께 사용하지 않는다.
5. 밥그릇은 왼쪽, 국그릇은 오른쪽, 수저는 국그릇 오른쪽에 놓는다.
6. 곧고 바른 자세로 앉는다.
7. 그릇을 깨끗하게 비우는 것이 맛있게 잘 먹었다는 의미이다.

2) 중국

1. 주인이 음식을 먼저 든 후 식사한다.
2. 회전식탁은 시계 방향으로 돌리는 것이 원칙이다.
3. 음식이 나오면 공동젓가락으로 적당히 덜어 먹는다.
4. 밥그릇을 제외하고 그릇을 손으로 잡고 먹지 않는다.
5. 식사 중 콰이주젓가락를 사용하지 않을 때는 접시 끝에 걸쳐둔다.
6. 콰이주로 요리를 찔러 먹지 않는다.

⑦ 그릇을 깨끗하게 비우는 것은 음식이 모자란다는 의미이다. 잘 먹었다는 의미로 음식을 조금 남기는 것이 주인에 대한 예의이다.

⑧ 집으로 초대한다면 상대에게 상당한 호의가 있다는 것이므로 반드시 응하도록 하자.

⑨ 식당에서 제공하는 냅킨과 물수건으로 얼굴을 닦아서는 안 된다.

⑩ 콰이주에 음식이 묻었을 때에는 상 위에 있는 물에 씻어도 된다.

⑪ 옆 사람에게 음식을 떠주는 행동은 호의 표시이다. 떠주기 전에 먼저 먹는 것은 실례이기도 하다.

⑫ 어느 정도 대화를 나누며 먹는 것이 예의이다.

⑬ 렝게짧은 도자기 수저는 수프를 먹을 때 사용한다.

⑭ 국물 요리를 먹을 때는 왼손에 렝게, 오른손에 콰이주를 사용한다.

3) 일본

① 방석을 함부로 밟지 않는다.

② 밥그릇은 들고 먹는다.

③ 젓가락을 그릇 위에 걸쳐놓지 않는다.

④ 웃어른이 나중에 착석하고 먼저 일어선다.

⑤ 뚜껑이 있는 그릇일 경우, 뚜껑 안쪽을 위로 향하게 하며 그릇 방향 위쪽에 둔다. 식사 후 뚜껑을 원래대로 덮는다.

⑥ 국에 밥을 말아먹지 않는다.

⑦ 밥 위에 반찬을 얹어서 먹지 않는다.

⑧ 생선요리는 머리 쪽부터 먹고 뒤집지 않는다.

⑨ 개인 젓가락으로 음식을 건네는 것은 매너에 어긋나는 행동이다.

⑩ 밥을 추가로 원할 때는 밥 한 술 정도를 남기고 청하는 것이 예의이다.

⑪ 음식을 남기면 맛이 없다는 의미이다.

⑫ 음식을 빨리 먹으면 맛이 있다는 의미로 받아들이고 더 많이 주는 경우도 있으니 적당한 속도로 먹는다.

⑬ 국물 건더기는 젓가락으로 꺼내 먹지 않고 국그릇을 입에 대고 먹는다.

⑭ 요리는 입으로 베어 먹지 않으며 그릇 안에서 젓가락으로 잘라서 먹는다.

⑮ 음주 시 잔이 남아 있을 때 술을 따르며, 1/3 이하로 남아 있는데 권하지 않으면 술자리를 끝내자는 의미이다.

4) 프랑스

① 스프를 먹을 때 접시는 뒤쪽으로 기울여 먹는다.

② 소리내 음식을 먹거나 트림을 해서는 안 된다.

③ 샐러드는 포크로만 먹는다. 나이프를 사용하지 않는다.

④ 닭고기는 손으로 먹지 않는다.

⑤ 코스가 나올 때마다 맛있다고 말해야 한다.

⑥ 음식을 남기지 않는다.

☘ 중국 광동지역을 대표하는 음식 제비집과 샥스핀

중국 광동의 최고 진미라고 평가 받는 '연와탕'은 바로 제비집 수프이다. 바닷가에 사는 제비는 해초를 이용해 집을 만든다고 알려져 있다. 그 집을 이용해 수프를 만들기 시작한지는 4백년 이상 되었다고 한다. 제비집은 제비의 집으로 만들었다고 알려져 있지만, 실제로는 제비와 닮은 칼새과의 둥지를 사용한다고 한다. 식용으로 쓰이는 새 둥지는 사람이 먹는 식재료 중에서 가장 고가에 속한다고 한다. 이 집을 만드는 주성분은 해조와 새의 타액선에서 분비되는 물질로 이것들이 모여 집을 구성하게 된다. 실 당면처럼 생긴 이 둥지는 물에 녹으면 젤라틴과 흡사한 질감을 내며 단백질이 주성분이어서 피부미용과 건강에 모두 좋다.

또 하나의 대표음식은 샥스핀이다. 샥스핀은 상어 지느러미 요리로 맛이 연하고 부드러워 남녀노소 즐길 수 있어 중국 광동 지방에서는 샥스핀이 없으면 연회라고 말할 수 없을 정도로 사랑받는 대표적인 연회음식이다. 콜라겐 성분이 풍부한 상어 지느러미는 뼈의 노화를 방지하고 피부를 좋게 하며 장수하는데 효능이 있다고 알려져 있다. 특히 노인들의 기력회복에 좋고 식욕을 돋구어주어 최고급 보양식으로 평가받는다.

1. 레스토랑 착석 시 벽을 등진 자리, 출입구 앞, 창문을 등진 자리 중 어느 자리가 최상석인가?

2. 빵은 버터, 나이프와 손 중에서 어느 것으로 먹어야 하는가?

3. 스테이크의 굽기 정도를 날것에서 익힌 것 순으로 나열하시오.

   (5단계로 나열)

4. 접시 오른쪽에 포크가 나이프의 손잡이가 평행으로 나란히 놓인 경우 무엇을 의미하는가?

5. 와인을 따를 때에는 반드시 와인을 받는 사람의 어느 편에서 따라야 하는가?

MEMO

BUSINESS MANNER

GLOBAL ETIQUETTE

글로벌시대 매너

다양한 문화의 이해

우리는 국제화시대에 맞게 다문화를 이해하고 받아들일 자세가 되어야 한다. 이때 중요한 것은 그 사회에서 전통적으로 존중되어 온 예의범절이다. 예절은 나라마다 다르고 시대에 따라 변화한다. 국제화, 세계화와 함께 우리의 예절을 간직하면서 변화하는 서양의 매너를 이해해 시대와 상황에 맞는 매너를 표출하는 자세가 필요하다.

내가 대한민국의 국민대표라는 생각으로 행동하나, 말 한마디에도 주의를 기울인다면 나로인해 우리나라의 이미지가 올라가는 바람직한 상황도 기대해 볼 수 있을 것이다.

그럼 글로벌시대를 살아가는 이 시대의 성숙한 시민으로서 오픈마인드로 다양한 문화의 필수 에티켓 등을 배워보자.

해외여행 시 매너

해외여행을 할 때 꼭 지켜야 할 두 가지가 있다. 첫째는 안전, 둘째는 매너이다. 안전의 중요성은 생명과 연관되어 있기 때문에 달리 말하지 않아도 알 것이다.

해외여행에서는 특히, 우리의 행동 하나 하나를 통해 한국을 평가할 수 있다. 해외여행자는 여행지에서 한국을 대표하는 얼굴이다. 때문에 여행지의 문화와 특성을 공부해, 해외에서 발생할 수 있는 문제를 줄이면 보다 더 즐거운 여행이 될 수 있을 것이다.

1) 공항 매너

국가에 따라 출입국 절차가 조금씩 차이가 있다. 여행지의 출입국 절차를 미리 알아보고 간다면 예상치 못한 돌발 상황을 방지하고 대처하는 데 도움이 될 것이다.

(1) 여권

❶ 여행자의 국적과 신분을 증명하고 여행지에서 편리 도모와 보호를 의뢰하는 증명서이다.

❷ 해외여행 결격 사유가 없는 대한민국 국민은 누구나 여권을 발급받을 수 있다.

❸ 여행 목적에 따라 발급 유효기간이 다르다. 예: 단수여권, 복수여권

❹ 각 시, 도, 구청 또는 여행사에 신청하면 5~7일 이내에 발급받을 수 있다.

(2) 비자

❶ 여권이 있는 여행자는 입국하고자 하는 정부가 발급하는 비자를 출국 전에 받아야 한다.

❷ 비자는 목적별, 체류기간별, 입국횟수별에 따라 다르다.

❸ 체류기간에 따라 비자가 면제되는 나라가 있으니 여행지의 비자 유무를 알아두자.

(3) 항공권 예매

❶ 출발일시, 목적지, 귀국일자, 영문이름을 알려야 한다.

❷ 예약 확인 시 아이의 유무, 건강상태를 미리 알리면 상황별 서비스를 제공받을 수 있다.

(4) 출입국 절차와 에티켓

❶ 공항은 비행기 출발 2시간 전에는 도착해야 여유 있게 탑승수속 을 할 수 있다. 이때 항공사마다 수화물 무게가 다르므로 미리 확인해 둔다.

❷ 출국 시 출국신고서 를 미리 작성해둔다.

③ 고가의 휴대품이나 미화 1만 달러 이상을 소지한 경우, 출국 전에 세관신고 를 한다.

④ 기내에 반입이 허용되는 휴대품인지 확인차 보안검색 을 실시한다.

⑤ 출국심사 시 질서를 지키고 대기 선에서 순서를 기다린다. 심사대 앞에서 여권, 탑승권, 출입국 신고서를 제시하고 방문목적을 말한다.

⑥ 탑승 시간에 맞춰 비행기 출발 30분 전에 탑승 해 다른 탑승자에게 피해를 주지 말아야 한다.

2) 기내 매너

요즘은 해외여행이 보편화되었기 때문에 기내에서 지켜야 할 에티켓을 알아두고 행하는 것이 중요하다. 에티켓에 어긋난 행동으로 인해 국가적 이미지를 실추시켜서는 안 된다. 기내 매너는 안전과도 관련되어 있기 때문에 승무원의 지시를 반드시 따라야 한다.

다음 기내에서 필요한 에티켓을 상황과 장소에 따라 알아보자.

(1) 탑승

❶ 승무원에게 탑승권을 보여주고 안내에 따라 지정된 좌석에 앉는다.

❷ 좌석이 통로 쪽일 경우 통로에 개인물품을 놓지 않는다.

❸ 무거운 짐은 선반에 놓으면 떨어질 위험이 있으니 앞좌석 아래에 놓는다.

Tip

🌸 **기내 반입 금지 물품**

- 액체류 화장품은 용기당 100ml, 합쳐서 1L까지 투명한 지퍼백에 동봉한다.
- 면도용 젤, 헤어 젤, 무스, 크림, 스프레이 등은 반입 불가
- 탑승객 이름과 동일한 처방전에 표기된 액체 의약품만 반입 가능
- 성냥, 라이터 등 모든 인화성물질은 반입 불가
- 끝이 뾰족하고 날카로운 물체는 반입 불가

일반적으로 금지되는 품목 이외에도 나라마다 조금씩 다르기 때문에 반드시 여행국에서 금지하는 품목이 무엇인지 사전에 확인한다.

❹ 좌석 등받이를 뒤로 눕힐 경우, 뒷사람에게 피해가 되지 않는지 확인한다.

❺ 자리를 옮길 때에는 승무원에게 양해를 얻은 후 움직인다.

❻ 신발이나 양말을 벗는 행동은 타인에게 불쾌감을 줄 수 있다.

❼ 여러 사람이 사용하는 장소이므로 큰소리로 말하지 않는다.

❽ 실내가 밀폐된 공공장소이므로 기내는 물론 화장실에서도 흡연은 항공법으로 금지되어 있다.

❾ 승무원의 도움이 필요할 때는 큰소리로 부르지 않고 한손을 들고 기다리거나 좌석 위의 승무원 요청 표시등을 켜서 도움을 청한다.

❿ 이착륙 시 승무원의 안내에 따라 안전벨트를 착용하고 표시등이 꺼질 때까지 좌석에 앉아서 기다린다.

⓫ 기류 불안정 상태일 때 표시등에 불이 들어오면 안전벨트를 착용한다.

⓬ 이착륙 시 휴대용 전화기와 디지털카메라 등 전자제품은 전원을 꺼 두고 사용하지 않는다.

⓭ 목적지에 도착해 기내에서 내릴 때, 먼저 나가려고 타인을 밀거나 뛰지 않는다.

⓮ 수고한 승무원에게 가볍게 인사하며 나간다.

(2) 식사

❶ 좁은 공간에서 식사를 해야 하므로 다른 승객에 피해가 가지 않도록 주의한다.

❷ 식사 중에는 가능한 한 이동을 삼간다.

❸ 통로 쪽에 앉은 사람이 창가 쪽 승객에게 도시락을 건네준다.

❹ 제공되는 주류는 과음하지 않는다.

❺ 승무원에게 도시락을 받기 전에 등받이를 바로 하고 테이블을 펴 놓는다.

❻ 식사에 문제가 있거나 음료가 필요할 때는 한 손을 들고 기다린다.

(3) 화장실

❶ 용변은 탑승하기 전에 미리 보는 것을 권한다.

❷ 기내 화장실 사용 시 사용 유무 표시를 확인한다.

❸ 남녀공용이므로 반드시 문을 잠그고 사용한다.

❹ 뒤처리를 깨끗하게 한다.

3) 호텔 매너

❶ 직원에게 함부로 행동하지 않는다.

❷ 복도에서 흡연하지 않는다.

❸ 귀중품은 데스크 금고에 보관한다.

(1) 예약

❶ 항공권 예약과 함께 미리 예야한다.

❷ 호텔 측에 도착일, 도착항공권, 연락처, 지불방법을 정확히 알린다.

❸ 여행일정이 변경되면 미리 알린다.

(2) 객실

❶ 객실 내에서는 취사를 금한다.

❷ 객실 문을 열어놓고 밤늦도록 떠들거나 도박하지 않는다.

❸ 다른 객실 문이 열려 있어도 들어가거나 기웃거리지 않는다.

❹ 호텔비품을 청결하게 사용하고 가져가지 않는다.

❺ 팁은 미리 준비해 상황에 따라 직원에게 전달한다.

❻ 낯선 사람이나 직원과 마주치면 가볍게 인사한다.

❼ 체크아웃 시 열쇠는 반납한다.

4) 여행지 매너

① 간단한 인사말은 알아두고 상황에 따라 예의를 표한다.

② 여행지의 문화와 특성을 미리 알아두고 행동한다.

③ 표지판과 안내문의 지시사항을 지킨다.

④ 타인에게 피해를 입혔을 경우에는 반드시 사과한다.

❀ 팁이란

제공받은 서비스에 감사하다는 의미로 주는 사례금으로 식사를 마친 후 계산할 때 청구액의 15~18%정도의 팁을 종업원에게 준다. 단, 우리나라와 일본 등 아시아권에서는 봉사료가 의무적으로 포함되어 있어 따로 지불할 필요가 없다.

미국이나 유럽에서는 식사 후 반드시 팁을 지불해야 한다. 통상 점심식사에는 15%의 팁을 저녁식사에는 18%의 팁을 지불하며 현금이 없을 때는 카드 계산서 하단의 해당란에 지불할 팁 금액을 적는다. 단, 뷔페식당에서 식사할 때는 고객이 직접 음식을 가져다 먹기 때문에 봉사료의 의미가 없으므로 팁은 따로 지불할 필요가 없지만 담당 종업원에게 2불~5불 정도의 성의표시를 한다.

③ 승차 예절

해외에서 승하차 시 모르는 사람과 마주치면 당황하지 말고 가볍게 미소로 인사한다. 방문하는 국가의 승하차시 예절도 알아두자. 다음은 승하차 시 대중교통별 기본적인 예절이다.

1) 자동차

① 남녀가 함께일 때, 승차 시에는 여성이 먼저 타고, 하차 시에는 남성이 먼저 내린다.

② 웃어른과 함께일 때, 승차 시에는 웃어른이 먼저 타고, 하차 시에는 아랫사람이 먼저 내린다.

③ 동승자가 있을 경우, 흡연은 피하고 상황에 따라 동승자의 양해를 구한다.

④ 여성은 승차 시 시트에 먼저 앉은 후 다리를 모아 들여놓고, 하차 시 두 다리를 모아 차 밖으로 내놓은 후 일어선다.

⑤ 음식이나 음료 섭취는 자제한다.

⑥ 뒷좌석 오른편, 왼쪽, 가운데, 앞자리가 상석 순이다. 자가운전일 경우는 운전석 옆자리에 앉는 것이 예의이며 그 자리가 상석이다.

⑦ 운전자의 부인이 탈 경우, 운전석 옆자리는 부인이 앉는다.

2) 열차, 지하철, 버스

① 문이 닫히고 있을 때 위험하게 뛰어들지 않는다.

② 젖은 몸이나 물건은 타인에게 피해가 가지 않도록 잘 관리한다.

③ 다리를 과하게 벌리고 앉지 않는다.

④ 캐리어가방 등 큰 짐이 있을 때는 앞, 뒤, 옆을 살피면서 걷는다.

⑤ 출입구나 통로에 기대서서 타인의 통행을 방해하지 않는다.

⑥ 공공장소이므로 큰소리로 떠들거나 통화하지 않는다.

⑦ 담배를 피우지 않는다.

⑧ 쓰레기는 봉투에 모아 휴지통에 버린다.

⑨ 신발을 벗는 행동은 불쾌감을 일으킬 수 있으므로 피한다.

⑩ 타인의 신체에 해가 되는 행동을 하지 않으며 실수로 그랬다면 정중하게 사과한다.

⑪ 신문은 어깨 너비로 접어서 본다.

⑫ 여성 뒤에 붙어서면 오해받을 수 있으므로 조금 떨어져서 서 있는다.

⑬ 네 사람이 마주앉는 좌석은 움직이는 방향이 상석이다.

⑭ 열차 화장실은 깨끗하게 사용한다.

⑮ 지하철 노약자 보호석에 앉지 않는다.

⑯ 지정석이 없기 때문에 노약자나 여성, 임신부, 어린이를 동반한 여성에게 자리를 양보한다.

⑰ 자리를 양보 받았을 때는 가벼운 목례로 감사를 표한다.

⑱ 혼잡한 공간에서 발을 밟히는 정도의 작은 피해를 입었을 때는 심한 불쾌함 표출보다는 서로를 이해해주는 것이 에티켓이다.

④ 음주 예절

❶ 한국에서 익숙한 폭탄주, 잔돌려마시기, 술권하기는 비위생적이고 타인을 배려하지 못하는 행동이므로 주의해야 한다.

❷ 여행지의 음주 문화를 이해하고 바람직한 분위기를 이끌어나간다.

❸ 연장자나 모임의 주체가 상석에 앉는다.

❹ 상대방의 의사를 확인하고 술을 권한다.

❺ 어른을 정면으로 보고 술을 마시지 않으며 돌아앉거나 상체를 돌려 소리 나지 않게 마신다.

❻ 권하는 잔은 반드시 오른손으로 받는다.

❼ 술을 잘 마시지 못한다는 이유로 술잔을 받지 않는 행동은 예의에 어긋난다.

❽ 과음과 폭음 하지 않는다.

❾ 전날 술자리에서 생긴 실수나 사건은 대화주제로 삼지 않는다.

❿ 서양에서는 식사 후 연회가 무르익으면 건배한다.

⓫ 건배는 연장자가 제의하면 제의 받은 사람이 짧은 메시지와 함께 건배를 외친다.

1) 세계 음주문화

❶ 일본

우리나라와는 반대로 윗사람이 아랫사람에게 잔을 건넨다.

❷ 영국

빨리 많이 마시는 폭음을 한다. 이는 술집의 영업시간이 짧아 그러하다. 주로 위스키와 맥주를 안주 없이 마신다. 직장인들과 회식문화가 없다.

❷ 프랑스

식사 중 포도주를 마실 때 직접 따라 마시지 않고 주인이 따라주기를 기다려야 한다. 포도주를 취할 만큼 마시지 않으며, 식욕을 돋우는 정도만 마신다. 술을 즐기되 취해서는 안 된다. 술에 취해 비틀거리는 사람을 몰상식하다고 여긴다.

❹ 이탈리아

순도 높은 알코올은 잘 먹지 않으며 주로 와인을 마신다. 이탈리아인은 10대 초반에 음주를 경험한다. 이탈리아 아버지는 적당량의 술이 자식들을 잘 성장하게 하고 진정한 사나이가 된다고 생각한다.

❺ 중국

식사 시 늘 술을 마신다. 우리나라처럼 상대방 술잔에 술을 따라주는 문화이지만 강제로 권하거나 잔을 돌리지는 않는다. 건배 도중 잔을 내리는 행동은 예의에 어긋난다.

북부 지역은 추운 기후 때문에 도수 높은 백주를, 남부 지역에서는 황주를 즐긴다. 베이징은 호쾌하고 다작을 하며 상하이는 조용히 적게 마신다. 광저우는 술보다 차를 즐긴다.

⑥ 독일

술을 권하지 않고 자기를 통제할 수 있는 정도의 술을 마시며 더치페이로 음주량을 조절한다. 조금 더 마시고 싶다면 함께 있는 사람들에게 술을 사야 한다. 밤 10시 반 이후에는 술집 옥외에서 술을 팔지 못한다. 특별한 규제 없이도 적당히 마실 줄 아는 독일 문화는 우리나라가 배워야 할 점이다.

⑦ 러시아

예부터 도수가 낮은 술은 일상적인 음료로 마시고 종교적, 개인적 축일에는 도수가 높은 술을 마셨다. 종교적 행사를 할 때, 맘껏 술을 마실 수 있는 음주일이 있다.

보드카가 유명하며 빛, 향, 맛을 음미하는 애주가는 위스키나 칵테일을 즐긴다. 우리나라와 달리 술자리를 자주 바꾸지 않는다. 또한 술병은 두 손으로 잡지 않고 한쪽 손바닥으로 술병을 받치고 따른다. 여자, 웃어른 잔에 먼저 따르고 자신의 잔에 마지막으로 따른다.

⑧ 캐나다

추운 날씨 탓에 남녀노소 음주량이 높다. 우리나라는 대부분 친구와 직장 동료와 마시는 반면 캐나다인은 부인, 연인, 가족처럼 가까운 사람과 집에서 음주를 한다.

미성년자도 음주가 가능하여 뉴브런즈윅과 매니토바에서는 부모 감독하의 음주를 허용하고, 앨버타, 브리티시 콜롬비아, 온타리오 주 등에서는 주택 내에서 음주를 허용한다. 주류 광고에 제한이 많은 편이며 우리나라보다 술집에서의 신분증 검사가 철저한 편이다.

⑨ 멕시코

도수가 높은 반면 향기가 좋은 데킬라가 유명하다. 또한 라임을 병 안에 넣어 새콤하게 마시는 코로나 등의 맥주도 인기가 있다. 술 한 잔을 하더라도 다양한 방법으로 즐겁게 마신다.

⑩ 미국

　　술을 마실 수 있는 곳이 매우 제한적인 편이다. 정해진 곳에서 마셔야 하고 대부분 야외에서는 마시지 못한다. 라스베이거스 같은 관광도시를 제외하곤 음주법이 매우 엄격하다. 회식문화가 없으며 길에서 취한 사람을 찾아보기 힘들다. 비용은 더치페이 한다.

　　미국 대부분의 주에서는 야외에서 술병을 노출한 채 음주하게 되면 처벌받는다. 예를 들면 공원에서 바베큐 파티를 하며 맥주를 마실 때에도 맥주병을 종이로 감싸거나 휴지로 가리고 마셔야 한다. 그래서 미국 마트에는 술병에 끼우는 케이스를 팔기도 한다. 간혹 미국 영화나 드라마에서 주인공이 맥주를 종이로 가린 채 마시는 것이 바로 이런 이유 때문이다.

✿ 미국 오하이오 주의 엄격한 음주 규정

- 21세 미만은 술을 마시면 안 된다.
- 길거리에서 술에 취해 걸어 다니면 안 된다.
- 술을 마시면서 걸어가면 안 된다.
- 야외에서 술을 마시면 안 된다.
- 대학 캠퍼스 내에서 술을 팔 수 없다.
- 술집에서 양주를 병째로 팔아서는 안 된다.
- 술집에서 맥주를 2병 이상 한꺼번에 팔아서는 안 된다.
- 개봉한 술병을 차에 실어서는 안 된다.
- 술 취한 사람은 바(Bar)에서 쫓아낼 수 있다.
- 술주정을 한 전적이 있는 사람은 출입을 금지시킬 수 있다.
- 술 취한 사람에게 술을 팔지 않는다.

⑤ 흡연 예절

① 흡연구역과 금연구역을 준수한다.

② 흡연구역이더라도 상대방에게 미리 양해를 구하고 흡연한다.

③ 타인의 얼굴에 연기를 뿜지 않는다.

④ 만나자마자 담배를 피우는 행동은 예의에 어긋난다.

⑤ 여성과 서서 대화 중이라면 담배를 피우지 않는다.

⑥ 자리에 어린이가 있으면 담배를 피우지 않는다.

⑦ 기차, 자동차, 버스에서는 가능한 한 금연하고 필요 시 상대방의 양해를 구한 후 흡연한다.

⑧ 엘리베이터, 지하주차장에서는 반드시 금연한다.

⑨ 담뱃재는 재떨이를 이용한다. 식기나 병에 재를 털지 않는다.

⑩ 식사 중에는 담배를 피우지 않는다.

1) 세계 흡연문화

❶ 영국

담배를 피우기 전에 상대에게 권하는 것이 예의이다. 공공장소에서 일반적으로 금연이지만 다른 나라보다 흡연이 자유로운 편이다.

② 프랑스

금연구역에서 흡연 시 벌과금을 부과한다. 여성과 청소년의 흡연율이 높고 여성이 웃어른 앞에서 흡연하는 경우도 있다.

③ 스페인

공공장소에서는 담배를 피우지 말아야 한다. 지하철 역내에서 흡연 시 적발되면 높은 과태료를 부과한다.

④ 미국

식사 중 금연이 원칙이지만 식탁에 재떨이가 있을 경우에는 피워도 좋다는 뜻이다. 담배를 피우기 전에 상대방에게 먼저 권하는 것이 예의이다.

전 지역에서 금연운동이 확산되고 있어, 담배를 피우는지가 사회적 지위에까지 영향을 미치기도 한다.

⑤ 호주

철저한 금연정책에 따라 공공시설에서는 절대 담배를 피우면 안 된다. 담배를 피우기 전에 상대에게 양해를 구해야 하며, 집주인의 허락 없이 담배를 피울 수 없다.

⑥ 싱가포르

18세 이하 청소년이 3번 연속 흡연 시 적발되면 벌금 부과 동시에 금연교육을 받아야 한다.

대부분의 공간에서 금연해야 하며, 위반 시 높은 벌금을 부과한다. 또한 담배꽁초를 버리다 적발되어도 벌금을 부과한다.

⑦ 말레이시아

18세 미만 청소년은 흡연이 금지이며, 이들에게 담배를 판매한 사람은 벌금과 2년 이하의 징역형에 처한다. 또한 담배 포스터 등 광고물을 부착해도 불법행위로 단속대상이 된다.

⑧ 일본

우리나라보다 흡연문화가 개방적인 편이다. 흡연구역에서는 남녀 누구나 흡연이 가능하고 부부지간에 맞담배를 피우기도 한다. 웬만한 건물은 흡연실이 있는데, 우리나라 흡연실과는 달리 매우 깔끔하다.

거리 바닥에 흡연금지 경고판이 붙어 있다. 경고판이 있는 거리에서는 담배를 피우지 않지만 재떨이를 비치해둔 곳에서는 자유롭게 흡연하는 모습을 흔히 볼 수 있다. 보행 중에는 흡연을 금한다.

웬만한 식당이나 카페에는 흡연을 허용한다. 금연석과 흡연석을 좌석으로 나눠놓거나 층별로 구분한다. 구별이 없는 곳은 담배연기가 가득하다.

⑨ 중국

웃어른과 담배를 피우는 것이 가능하며 식사 도중 흡연하기도 한다. 또한 회의 같은 공식석상에서도 흡연하는 모습을 볼 수 있다. 이 때문에 담배를 선물하기도 한다.

최근 급격한 선진화로 인해 금연운동을 시작하고 있다. 건물에 금연구역을 정하고 위반 시 벌금을 내야 하는 금연정책을 실시하고 있다.

⑥ 관람 예절

1) 미술관, 박람회

❶ 전시품은 눈으로 감사하며 훼손시키지 않는다.

❷ 줄지어 관람할 때, 뒷사람에게 방해되지 않도록 이동한다.

❸ 안내원의 지시를 따르며 질서를 지킨다.

❹ 전시품에 집중하고 관람하는 자세를 보인다.

❺ 느낀 점을 적을 수 있는 펜과 종이를 준비한다.

2) 극장, 음악회, 뮤지컬

❶ 공연이 시작하기 20분 전에 도착해 착석한다.

❷ 착석 시 다른 관객 앞을 지날 때는 양해를 구하고 옆 걸음으로 조용히 들어간다. 공연 중에는 휴대폰 전원을 끄고 책자를 뒤적거리거나 대화를 나누지 않는다.

❸ 복장은 평상복보다는 정장과 구두를 착용하는 게 예의이다.

❹ 공연중에 도착했다면 막이 끝났을 때까지 기다리다가 막간에 조용히 들어간다.

❺ 남녀 동반 시, 남성이 통로 쪽에 앉는다.

❻ 공연 중에는 대화하거나 통화하지 않는다.

❼ 착용 중인 모자는 벗어서, 뒷좌석 관람객의 시야를 막지 않는다.

1. 출입국 절차 시 미화 몇 달러 이상을 소지한 경우에 세관신고를 하는가?

2. 기내에서 등받이를 제자리로 해야 하는 때는 언제인가?

3. 제공받은 서비스에 감사하다는 의미로 주는 사례금을 무엇이라고 하는가?

4. 술을 권하는 잔은 반드시 어느 손으로 받는가?

5. 세계의 음주문화 중 술을 마실 수 있는 곳이 매우 제한적이고 대부분 야외에서는 술을 마시지 못하게 규제하는 곳은 어느 나라인가?

MEMO

MEMO

BUSINESS MANNER
GLOBAL ETIQUETTE

다양한 문화의
글로벌 에티켓

① 화장실

1) 기본 에티켓

① 문을 열어보기 전에 노크한다. 단, 사용중이라는 표시가 있으면 노크
하지 않고 기다리는 것이 예의이다.

② 사용 중인 경우 줄을 서서 기다린다.

③ 바닥에 침을 뱉지 않는다.

④ 화장실 벽이나 문에 낙서하지 않는다.

⑤ 용변이 끝나면 반드시 물을 내린다.

⑥ 공공화장실은 깨끗이 사용한다.

⑦ 우리나라에서는 휴지를 휴지통에 버리지만 외국에서는 변기에
버린다.

2) 나라별 화장실문화

① 일본

화장실을 청소할 때, 물수건으로 바닥부터 변기, 세면대까지 닦는다.

② 인도, 말레이시아

화장실에 휴지가 없다. 대신 수도꼭지 아래 큰 양동이와 작은 양동이가 있다. 이를 사용해 왼손으로 뒤처리를 한다. 이 때문에 식사 시 왼손으로 음식을 먹는 행위는 예의에 어긋나며 혐오감을 준다.

③ 유럽

화장실 유지비와 노숙자의 사용을 금하는 차원에서 공중화장실이 유료이다. 소변과 대변에 따라 금액 차이가 있다. 단, 미술관, 박물관, 호텔, 백화점, 극장, 음식점 안에 있는 화장실은 무료이다.

④ 독일

청결 등의 이유로 남성도 여성과 마찬가지로 좌변기에 앉아서 볼일을 본다. 입식 변기가 있기는 하지만 좌변기를 선호하는 추세이며 좌변기 사용 홍보가 적극적으로 이뤄지고 있다.

⑤ 중국

외곽에 있는 화장실에는 문이 없는 공중화장실이 많다. 칸막이가 있더라도 낮아 보이는 구조이다.

⑥ 미국

화장실 문 위아래가 뚫려 있어 환기에 좋으며 범죄를 예방할 수 있는 장점이 있다.

노크는 빨리 나와주면 안 되냐는 재촉의 의미이므로 노크하지 않는다. 문 아래쪽을 보고 사람이 있는지 없는지를 확인한다.

⑦ 브라질

화장실 수에 따라 집값이 다르며 화장실이 많을수록 좋은 집이다.

② 생일

나라별 생일문화

❶ 한국

- **첫돌**　생후 1년을 무사히 넘겼다는 축하의 의미로 첫 생일돌은 큰 의미를 부여한다. 가족과 친지들을 초대해 돌잔치를 치러 특별히게 축하한다.

- **환갑**　나이가 61세에 이르게 되면 이를 회갑이라 한다. 회갑은 자신이 태어난 해로 돌아왔다는 뜻으로 '환갑'이라고도 한다. 이 때에도 잔치를 치러 특별하게 축하하는데 이 잔치를 '수연壽宴'이라고 하며 이때 차리는 큰상은 혼례 때의 큰상차림과 같다.

- **고희**　나이가 70세에 이른 것을 축하하는 의례로 '희수稀壽'라고도 한다.

- **산수**　나이가 80세에 이른 것을 축하하는 것으로 구어로는 '여든'이라고 하고 문어로는 '팔순'이라고 한다.

❷ 일본

　　정말 친한 친구만 생일을 알고 있거나 초대한다. 생일파티를 할 때 생일을 맞은 주인공이 돈을 내지 않고 참석한 친구들이 더치페이로 지불한다. 때문에 요즘 청소년들은 파티비용을 구하려고 아르바이트를 하기도 한다. 생일날 입고 올 복장을 지정해 주는데, 여자는 드레스, 남자는 턱시도 또는 코스프레 복장을 주문한다.

❸ 중국

긴 면발이 장수를 의미한다고 해서 생일에는 면 음식을 먹는다.

생일 선물을 준 사람 앞에서 포장지를 뜯는 행동은 예의에 어긋난다.

❹ 미국

파티문화가 일상적인 미국은 생일파티 2~3주 전부터 초대장을 준다. 초대받은 사람은 참석 여부를 알려야 한다. 집으로 초대할 경우, 케이크나 피자, 감자칩 등의 간단한 음식을 대접하는 편이다.

❺ 독일

아이의 생일을 앞둔 부모는 몇 달 전부터 파티 준비를 한다. 집으로 초대하기도 하지만 대부분 파티가 가능한 장소를 대여해 생일파티를 한다.

❻ 뉴질랜드

매해 생일도 잘 챙기지만, 특히 만 5살, 13살, 16살, 18살, 21살, 40살, 80살의 생일은 특별하게 치른다.

온 가족과 친구들이 모여 생일잔치를 한다. 케이크나 음식을 준비하여 먹으며 주로 생일 주인공과의 추억을 대화한다.

초등학교 입학 준비하는 만 5살 생일, 어린이에서 청소년이 되는 13살 생일, 법적으로 부모 동의 없이 결혼할 수 있는 16살 생일, 술을 살 수 있으며 선거권을 가지는 18살 생일, 성인으로 인정받는 21살 생일, 완전한 성인이 된다는 40살 생일, 무병장수한 것을 축하하는 80살 생일

③ 운전

1) 기본 에티켓

① 주차선 안에 정확하게 주차한다.

② 인도, 횡단보도, 버스정류장 등 통행이 방해되는 장소에 주차하지 않는다.

③ 영업 중인 상점 앞에 주차하지 않는다.

④ 차량에는 반드시 연락처를 기재해둔다.

⑤ 구급차가 지나갈 때는 한쪽으로 비켜준다.

⑥ 창밖으로 쓰레기를 버리지 않는다.

⑦ 진로를 바꾸기 전에 방향지시등을 미리 켜 동선을 알린다.

⑧ 신호를 준수하며 꼬리물기 운전은 하지 않는다.

⑨ 야간 운전 시 전조등, 미등을 켜서 차가 있음을 알린다.

⑩ 고속도로나 학교 앞, 골목길에서 속도를 준수한다.

⑪ 터널이나 지하차도에서는 차선 변경을 하지 않는다.

⑫ 자동차 간 안전거리를 유지한다.

⑬ 운전 시 면허증을 반드시 지참한다.

⑭ 갑작스럽게 일어날 사고를 대비해 보험회사 연락처는 알아둔다.

⑮ 경찰 검문이나 음주측정에 협조한다.

2) 나라별 운전문화

① 일본

- 경차를 선호하는 탓에 다양한 종류의 경차가 있다. 경차를 이용하면 세금을 50% 이상 절약할 수 있다.
- 상대방을 배려하는 양심운전자가 많아 앞차가 조금 늦어도 경적을 울리지 않고 기다린다.
- 우리나라에서는 상향등을 움직이면 '경고'를 의미하지만, 일본에서는 '양보'를 의미한다.

② 미국

- 광대한 규모로 인해 자동차가 없는 사람이 없을 정도로 자동차 천국이다. 면허를 취득할 나이가 되면 가족 대부분이 자동차를 소유할 정도이다.
- 빨간색 'STOP'은 표지판 외에 바닥에도 쓰여 있다. 운전하다 이 표시를 보면 정지선에서 3초간 정지해야 한다. 3초간 기다린 후 안전하다 판단되면 자동차 순서대로 출발한다. 이를 지키지 않으면 교통법 위반으로 벌금형을 받는다.
- 미국은 주마다 교통 법률이 다르므로 미리 알아두는 것이 좋다.

사례

✤ 미국 스쿨버스

미국의 스쿨버스에는 STOP표시판이 있는데 학생이 승하차 시 버스가 정차하게 되면 이 표시판이 옆으로 나오게 된다. 이 때에는 주변차량이 모두 정차해야하며 상대편 차선의 차들로 반드시 정차해야한다. 학생들이 지나가고 안전해졌을 때 이 표시판이 다시 접히게 되는데 그 전에 움직이는 차량은 교통법 위반으로 벌금형을 받는다. 이런 교통법규를 모르는 외국인들이 간혹 위반하게 되므로 이러한 나라별 교통법규를 미리 확인하여 실수가 없게 해야 한다.

- 급하게 추월할 때는 오른쪽 차선으로 이동 후 추월해서 다시 원래 차선으로 이동해야 한다.
- 스쿨존School Zone에서는 25마일 이하로 서행하며, 어린이의 움직임을 확인하며 운전한다.

③ 프랑스

- 좁은 도로를 일반통행으로 만든 곳이 많아 끼어드는 차량 때문에 도로가 복잡한 경우가 많다.
- 와인을 즐겨 마시는 프랑스에는 음주운전 예방 취지에서 '귀가책임제'라는 문화가 있다. 이는 술집에 온 일행 가운데 음주하지 않는 사람을 정해 술 대신 음료수나 이벤트를 제공하는 것이다.

④ 커피

1) 기본 에티켓

① 손님을 초대해 커피를 마실 때에는 커피잔, 받침, 티스푼을 준비한다.

② 티스푼으로 커피를 떠먹지 않는다.

③ 설탕이나 크림을 넣을 때는 전용스푼을 사용한다. 각설탕은 손으로 넣어도 된다.

④ 사용한 티스푼은 잔 받침에 올려둔다.

⑤ 뜨거운 커피는 후후 불지 않고 잠시 기다린 후 식혀가며 먹는다.

⑥ 대접할 때 상대의 기호나 취향에 맞게 준비한다.

2) 나라별 커피문화

① 미국

테이크아웃 커피 전문점은 미국에서 유행했다. 이는 앉아서 마시던 커피를 들고 다니면서 마실 수 있는 문화이다.

에스프레소에 물을 부어 묽게 마시는 '아메리카노'를 즐긴다.

② 이탈리아

오래 전부터 커피문화가 발달해 커피용어가 이탈리아어인 경우가 많다. 주로 '에스프레소'를 즐겨 마신다. 에스프레소는 진하지만 카페인 양이 적으며 커피 순수한 맛을 그대로 즐길 수 있다.

③ 프랑스

카페 문화가 발달한 나라로, 어디를 가도 다양한 카페를 볼 수 있다. 카페에서 대화와 토론하는 문화가 발전해 프랑스의 문화예술이 발달했다고 할 수 있을 만큼 커피는 생활의 일부이다.

여유로이 커피를 즐기자 해서 '카페오레'가 등장했다. 카페오레는 우유를 넣은 커피란 뜻으로 카페라떼와 비슷하지만 카페라떼는 에스프레소에 우유를 넣는 반면, 카페오레는 드립커피에 우유를 넣는다.

④ 오스트리아

아침식사로 커피와 함께 크로와상을 즐기는 '비엔나식 아침'이 유명하다. 비엔나커피는 희석한 에스프레소 위에 진하고 무거운 크림을 듬뿍 얹는다. 커피에 생크림과 계피가루를 얹기도 한다.

오스트리아 빈에는 실제로 비엔나커피라는 말이 없다. 이 커피를 주문할 때는 멜랑쥐 또는 아인슈패너라 말한다.

⑤ 러시아

코코아 가루에 커피를 붓고 설탕을 넣는 '러시안커피'가 유명하다. 지역에 따라 우유나 크림을 첨가하거나 설탕 대신 잼을 넣기도 한다.

커피문화가 정착된 지 오래된 곳 중 하나이다. 고종이 커피를 처음 접하게 된 곳도 러시아 대사관이다.

커피의 종류가 다양하다. 크림이나 우유, 과일조각, 아이스크림 등을 넣어 마시거나 코냑을 부어 마시기도 한다. 주로 커피와 단맛 나는 베이커리를 함께 먹는다.

⑥ 터키

곱게 간 커피원두를 커피포트에 넣어 끓이고 식히기를 2~3번 반복한 후 윗부분만 커피 잔에 따라 마시는 '터키쉬커피'가 유명하다.

남성이 직접 커피를 추출해서 대접하는 문화가 있다. 옛날에는 부인이 마실 커피를 남편이 준비하지 못할 경우 이혼 사유가 됐을 정도로 커피사랑이 대단하다. 지금도 결혼하기 전에 예비신부 집에 예비신랑과 가족이 방문하면 예비신부가 어떤 맛의 커피를 끓이느냐에 따라 혼사가 결정된다고 한다.

⑤ 파티

기본 에티켓

① 참석한 사람들과 대화를 나누려는 노력이 필요하다.

② 한 사람과 오래 대화하는 것은 예의가 아니다.

③ 상대방이 말을 할 때 중간에 끊지 않는다.

④ 파티에 어울리는 의상을 착용한다.

⑤ 초대장에 드레스코드가 있다면 지키도록 한다.

⑥ 음식이나 술을 과하게 먹지 않는다.

⑦ 칵테일을 마실 때는 한 번에 다 먹지 않고 잔을 기울이며 조금씩 마신다.

⑧ 파티가 끝나고 가까운 시일 안에 감사 카드를 전하는 것이 예의이다.

⑨ 격식을 갖춰야 하는 만찬일 경우, 초청장을 통해 초대한다.

나라별 결혼 문화

1 베트남

신랑은 신부 부모뿐 아니라 신부가 사는 마을에도 지참금을 내야 한다. 지참금을 내야 결혼증명서가 발급된다. 결혼비용 대부분은 신랑 측에서 지불한다.

예비신랑이 신부 집에서 얼마간 살면서 신부의 부모에게 남편으로서 생활 능력과 자격을 교육 받는 풍습이 있는데, 이를 민사위라고 한다. 요즘은 사라지는 추세이지만 대신 사위 되는 기간이라고 해서 신부 집에 자주 방문한다.

2 말레이시아

신랑은 준비한 반지와 보석을 가지고 약혼식에 참석한다. 약혼이 이뤄지면 정부가 인정하는 회교지도자 앞에서 공식적인 혼인 선서를 한다. 이때 남자가 첫 번째 결혼이면 이를 증명할 증인이 동석해야 하며 두 번째 부인 이상을 얻을 경우에는 현재의 부인 또는 부인들의 결혼 동의서를 첨부해야 한다. 남자가 4명의 부인을 얻을 수 있는 일부다처제의 부산물이다. 약혼식이 끝나면 신랑과 신부는 정부가 운영하는 결혼학교에서 2~6시간의 의무 교육과정을 마치고 수료증을 받아야 결혼할 수 있는 자격이 된다.

정혼 후 신랑 쪽에서 파혼을 요구할 경우 여자 쪽은 순순히 물러나야 한다. 반면 신부 쪽에서 정혼을 번복할 경우 받은 예물의 몇 배를 보상해야 한다.

③ 파라과이

대부분 성당에서 거행되며, 신랑과 신부는 결혼식에 참석한 하객들에게 일일이 인사한다. 축의금을 전달하는 문화는 없으며, 대신 결혼식 전후에 선물을 전달한다.

④ 독일

선물 상점을 지정해놓고 그곳에서 본인이 원하는 선물목록을 적어놓기도 한다. 그러면 목록을 참고해 예산에 맞는 물건을 선택한다. 물건이 마음에 들지 않을 경우 교환할 수 있도록 상점이름을 함께 동봉한다.

⑤ 중국

흰색드레스는 금방 이혼한다는 의미로 흰색 웨딩드레스를 거의 입지 않는다. 또 영구하다는 의미로 9가 들어간 날짜에 결혼하는 것을 선호한다.

복을 불러온다 해서 붉은 봉투에 축의금을 넣는다. 누구 때문에 참석했고 누가 봉투를 전했는지를 명확히 하려고 본인을 초대한 사람에게만 봉투를 전달한다.

⑥ 인도

가까운 친척은 선물을 준비하기도 하지만 하객은 봉투나 선물을 지참하지 않아도 된다. 대신 신랑이 입장할 때 흥을 돋우는 정도의 춤을 추면 되는데 신랑 측에서는 이를 답례로 춤추는 도중 바지나 주머니에 돈을 넣어준다.

⑦ 일본

대부분 가까운 친인척들만 참석한다. 결혼과 동시에 여자는 남편의 성을 사용한다. 또한 6일간의 주기로 한 요일표인 '로크요'를 중심으로 '다이안'이라는 좋은 날짜에 결혼하는 것을 선호한다.

⑦ 거리

기본 에티켓

① 남녀가 길을 걸을 때, 남성이 차도 쪽에 선다.

② 공공장소에서는 가급적 대화하지 않는다.

③ 걸으면서 담배를 피우거나 침을 뱉지 않는다.

④ 길에서 아는 사람을 만났다면 길가로 비켜서서 대화한다.

⑤ 옆 사람과 부딪칠 수 있으므로 크게 행동하지 않는다.

⑥ 쓰레기는 휴지통에 버리거나 휴대용 비닐에 보관한다.

⑦ 짐을 끌거나 애완동물이 있을 때는 주위에 피해가 가지 않도록 한다.

⑧ 과한 애정표현은 삼간다.

⑨ 거리에서 줄을 설 때 보행자에게 방해되지 않도록 해야 한다.

⑩ 브라질에서는 거리에서 술주정할 경우 체포된다.

⑪ 길거리 벤치에서 잠을 자거나 탈의하지 않는다.

⑫ 애완동물과 동반 시 배변처리는 일회용 위생봉투에 한다.

MEMO

1. 나이가 70세에 이른 것을 축하하여 '희수(稀壽)'라고도 하는 의례는 무엇인가?

2. '환갑'은 몇 세에 이른 것을 축하하는 의례인가?

3. 미국에서 운전 중 'STOP' 표지판을 보면 어떻게 해야 하는가?

4. 미국에서 25마일 이하로 서행해야 하며 어린이의 움직임을 확인하여 운전해야 하는 곳을 일컬어 무엇이라고 부르는가?

5. 긴 면발이 장수를 의미한다고 해서 생일에 면 음식을 먹는 나라는 어디인가?

MEMO

BUSINESS MANNER

GLOBAL ETIQUETTE

취업
면접 준비

취업 준비의 전략 세우기

취업이 구직자의 능동적인 자세와 도전정신으로 시작된다는 것을 다들 알고 있지만 성공취업이 마인드만으로 완성되는 것은 아니다.

취업을 준비하면서 가장 염두에 둘 것은 직무에 대한 폭넓은 이해이다. 직무의 이해는 지원한 직무의 수행범위와 역할뿐 아니라, 지원한 기업에 따라서 달라지는 직무의 상대성까지도 이해해야 한다. 따라서 얼어붙은 채용시장에 효과적으로 대응하기 위한 직무분석 기반의 취업 전략을 위해 다음의 네 가지를 기억하도록 한다.

1) 취업 전략

Step 1

많은 구직자들을 만나보면 생각보다 자신이 하고자 하는 일에 대해 명확한 이해를 잡지 못하고 있는 경우를 많이 볼 수 있다. 취업 준비를 하면서 구직자는 지원 직무에 대한 이해와 직무수행에 대한 범위, 또는 그에 따르는 역할을 이해해야 한다. 이는 구직자가 구직활동을 시작하기 전에 단순히 자신의 기본적인 학업 성적과 스펙만 가지고 무작정 지원하는 것이 아니라, 자신이 지원하고자 하는 직무가 최소한 어떤 일을 수행하는지를 사전에 분석하여 이해도를 높여야 한다는 것을 의미한다. 이는 구직활동의 가장 기본에 해당하는 중요한 사항이다.

비즈니스 하나를 블로블 에티켓

Step 2

　구직자는 기업의 규모, 업종, 지원 기업의 특성에 따라 다르게 나타나는 직무의 수행 범위에 대해 제대로 이해하고 있어야 한다. 현재 지원하고자 하는 직무를 수행하고 있는 선배와의 대화를 통해 직무수행 범위를 분석해 보면 지원하고자 하는 직무의 수행범위를 이해하는 데 실질적인 도움을 얻을 수 있을 것이다.

Step 3

　본인이 지원하고자 하는 직무의 역할에 대해 명확하게 이해해야 한다. 이런 역할은 때때로 직무수행 환경에 따라 달라지는데, 지원 직무의 업종, 상품, 조직적 특성, 시장의 요구 상황 등에 따라 달라지게 된다. 이런 직무역할에 대해서는 평소 취업준비를 하면서 자신이 지원하는 업무의 역할을 심층적으로 이해하는 과정에서 상황에 따라 달라지는 직무역할에 대해 응용하는 연습이 필요하다.

Step 4

　직무를 효과적으로 이해하기 위해서는 '직무의 다양성'에 대한 이해가 필요하다. 직무는 지원하는 기업과 업종, 규모별로 매우 다양한 특성을 보이게 된다. 업종별로 직무를 수행하는 범위가 달라지는 직무가 있으며, 기업의 규모별로 직무의 수행 범위가 달라진다. 따라서 직무의 상대적 가치는 철저하게 기업의 입장에서 분석한 다음 지원 절차 시에 고려해야 한다.

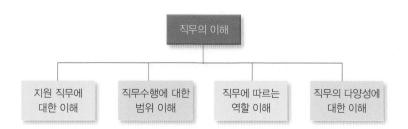

직무 중심의 채용과 역량 중심의 면접 환경에서 취할 수 있는 면접 전략의 변화 방향성을 정리해 보면 다음과 같다.

일반적인 취업 준비시의 문제점		취업 전략
외국어 공인점수 및 회화의 경쟁력만으로 취업준비	➡	다양한 경험을 통해 지원 직무에 대한 역량을 확보하는 것이 중요
자신감, 열정, 도전정신, 책임감 부족	➡	자신감, 열정, 도전정신, 책임감을 기르고 이에 대한 객관적인 경험 확보가 주요
명확하지 않은 지원 동기	➡	직무, 업종, 기업 규모, 대상 기업 등의 목표를 준비하고 지원
지원 직무에 대한 이해도 부족	➡	일에 대한 이해도가 높은 인재 (즉시 현업에 투입이 가능한 인재)가 우수한 인재임
문제해결능력 부족	➡	평소 논리적인 사고와 시스템적인 사고를 유지하고 과정을 이해하는 사고를 기름
개인 기여도에 대한 설득력 부족	➡	경험한 부분이 기업 목표를 달성하는데 기여할 수 있음
지원서 작성 내용과 면접에 대한 기대 수준이 저하	➡	사전 정보 분석을 한 후 지원과정에 충실해야 함
속도보다는 방향성이 강조된 취업전략이 필요	➡	개인의 성장과정, 성향과 일치하는 기업 환경, 직무 적성 업종 선택

📖 취업준비를 위한 "필수 CHECK LIST"

내 용	응 답
1. 기업의 일반적인 채용 프로세스를 이해하였습니까?	(Yes No)
2. 취업을 위한 자세한 정보를 수집하였습니까?	(Yes No)
3. 취업을 위한 목표를 수립하였습니까?	(Yes No)
4. 나만의 취업전략을 수립하였습니까?	(Yes No)
5. 희망하는 기업의 인재상에 대하여 정보를 수집해 보았습니까?	(Yes No)

출처: 인천 재능대학교 홈페이지 취업전략

② 성공취업을 위한 자기분석

자신을 객관적으로 잘 안다는 것은 참으로 어려운 일이다. 하지만 이런 자기분석 과정을 거치지 않고 취업을 준비하게 될 경우, 자신의 흥미나 적성과는 동떨어진 분야를 지원하게 될 가능성이 높다.

잊지 말아야 할 것은 취업하고자 하는 회사의 정보뿐 아니라 '나'에 대한 분석도 그에 못지 않게 중요하다는 것이다. 자신의 성격, 적성, 특징 등을 정확히 알고 자신의 장단점 또한 명확하게 분석하면 성공취업과 즐거운 직장생활을 영위할 수 있을 것이다.

외부로부터 온 기회는 최대한 살리고 위협은 회피하는 방향으로 가되 자신의 강점은 최대한 활용하고 약점은 보완한다. 즉, 취업을 위해 시장상황과 기업을 파악하고 자신을 객관적으로 분석함으로써 취업에 한발짝 다가설 수 있도록 한다.

취업 준비생의 셀프 SWOT 분석

강점을 활용해 약점을 극복한다

S

[강점] Strength

내부 환경(취업 준비생)의 강점

W

[약점] Weakness

내부 환경(취업 준비생)의 약점

O

[기회] Opportunity

외부환경(거시적, 경쟁자, 지원사업)
에서 비롯 된 기회

T

[위기] Threat

외부환경(거시적, 경쟁자, 지원사업)
에서 비롯 된 위협

기회를 활용해 위기를 극복한다

❶ SO전략(강점-기회 전략)

시장의 기회를 활용하기 위해 강점을 사용하는 전략을 선택

❷ ST전략(강점-위협 전략)

시장의 위협을 회피하기 위해 강점을 사용하는 전략을 선택

❸ WO전략(약점-기회 전략)

약점을 극복함으로써 시장의 기회를 활용하는 전략을 선택

❹ WT전략(약점-위협 전략)

시장의 위험을 회피하고 약점을 최소화하는 전략을 선택

비즈니스 글쓰기 허브 물류 에티켓

1) 자기분석 3단계

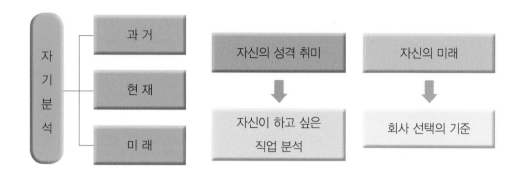

2) 자기분석표 작성해 보기

구분	내가 좋아했던 것	중요한 사건
대학 전공		
실무 경험		
동아리/봉사		
아르바이트		
자격증		
기타		

3) 사회진출계획서 작성해 보기

내가 하고 싶은 일

내가 일하고 싶은 곳

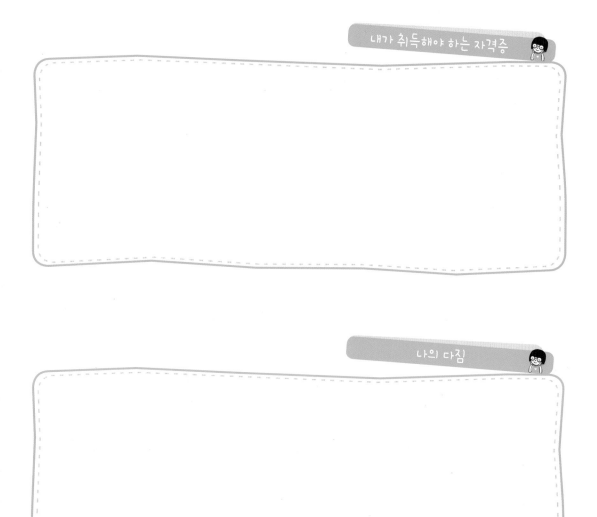

내가 취득해야 하는 자격증

나의 다짐

Tip

인사담당자들은 '스펙이 필요없다'는 이야기에 대해 기업의 입장에서는 다양한 경험을 하고 많은 스펙을 가진 사람을 뽑을 수밖에 없다고 말했다. 그러나 무조건 많은 스펙이 중요한 것이 아니라 회사의 업무, 직무에 관련된 스펙이 중요하다고 지적했다. 직무 분야와 동떨어진 스펙은 오히려 마이너스 요소가 되므로 지원할 직무 분야와 관련된 스펙을 쌓을 것을 추천한다.

③ 성공하는 이력서
작성의 원칙

이력서란, 자신의 과거를 정리해서 입사하고자 하는 기업에 자신이 가장 적합한 인재라는 것을 알리는 일종의 연애편지와도 같은 것이다. 단지 종이 몇 장에 나의 역량을 충분히 표현해야 하는 작업이므로 그만큼 효과적인 전략이 필요하다. 요즘에는 기업마다 자체적인 양식이 있기 때문에 지원하고자 하는 기업의 특성에 맞춰서 빠짐없이 작성하도록 한다.

1) 이력서 작성의 노하우

❶ 사진

이력서의 사진은 직접적으로 점수가 부여되는 부분은 아니지만, 인사담당자의 시선이 제일 먼저 가는 곳이다. 따라서 사진은 최근 3개월 이내에 촬영한 것으로 준비한다. 의상은 기본적으로 정장 차림으로 하고, 너무 오래되어 헤어스타일이 다르거나 과도하게 수정한 사진을 사용하는 것은 좋지 않다.

❷ 응시부분 및 기초자료

응시부분은 기업으로서 가장 기본적으로 중요하게 생각하는 부분이므로 빼놓지 않고 정확하게 기입하도록 한다. 해당 직무 분야의 표기는 자칫 간과할 수 있는 부분이지만 사소해 보이는 작은 차이 하나가 지원자의 의지나 열의, 일에 대한 자신감을 나타낸다. 또한, 이름과 연락처 등 지원자의 기초신상도 꼼꼼히 체크해서 적는다. 신입사원의 경우 작성하기에 어려움을 겪는 부분이 희망 연봉란인데 이는 빈칸으로 두기보다는 사전에 정보조사를 통해 비슷한 수준으로 제시하던가 ○○만원 ±α 등으로 적도록 한다. '회사 내규에 따름' 등으로 적는 것도 좋다.

❸ 학력사항

초, 중, 고교를 적는 칸이 있을 경우에는 상관 없지만 그렇지 않고 빈칸만 있을 때에는 보통 고등학교부터 적으며 최근 학력부터 쓰도록 한다. 학력란에서 중점점으로 보는 부분은 전공, 학교, 학점 등이다. 그 외에 해외연수나 특기사항이 있으면 학력란과 별도로 하여 성과나 결과에 중점을 두고 기입하도록 한다.

❹ 경력사항

꼭 직장생활을 해야만 적는 것이 경력란은 아니다. 특히, 신입의 경우라면 직장생활의 경험이 없기 때문에 빈칸으로 두거나 아르바이트까지 세세하게 적는 경우가 있다. 하지만 아르바이트나 경력사항 등은 자신이 지원하고자 하는 분야와 연관 있는 내용만 적는 것이 좋다.

❺ 자격 및 특기사항

각종 면허증이나 자격증 취득사항을 연도순으로 기입하고, 반드시 취득일과 발급기관을 명기해야 한다. 이때 자격증에 대한 증빙서류를 원하는 경우도 있으므로 잘 체크한다. 또한 특기사항은 추상적으로 작성하기보다는 업무와 관련해 어떤 도움이 실질적으로 될 수 있는지 구체적으로 연관시켜서 작성하는 것이 좋다. 상벌사항은 교내외 행사나 대회 수상 경력이라도 지원회사의 업종과 연관해서 뜻밖의 효과를 가져올 수도 있으므로 센스있게 기재할 필요가 있다.

⑥ 사회봉사활동 강조

각종 사회봉사활동 경험과 동아리 활동들을 상세히 언급하는 것이 좋다. 특히 사회봉사활동 실적을 취업에 도움이 되게 하기 위해서는 봉사활동확인서를 해당 봉사기관에서 발급받아 두는 것이 좋다.

⑦ 끝맺음

모든 내용을 기재하고 "모든 내용은 사실과 다름이 없습니다."라고 기입한 후 하단에 작성연월일, 본인 성명을 쓴 후 서명을 하거나 도장을 찍는다. 온라인 입사의 경우는 대부분 서명을 생략한다.

2) 이력서 작성의 항목별 주의사항

❶ 명확한 목표와 일관성을 가진다.

자신의 경력개발 목표와 지원하는 목적, 전체적인 이력서 흐름의 일관성을 가져 자신에 대한 확신을 갖게 하고 신뢰를 보여주도록 한다.

❷ 맞춤 이력서로 기업에 대한 관심을 보여준다.

지원하기 전, 정말 자신과 잘 맞는 곳인지 회사의 조직문화와 직무를 정확히 파악하고 지원의 인재상이나 정보를 충분히 습득한 후 기업에 맞는 내용으로 작성하도록 한다.

❸ 본인의 경험을 중심으로 작성한다.

이력서 작성에서 가장 중요한 부분으로 가능한 실제 수행했던 과제나 업무, 프로젝트 등을 자세히 기재한다. 이것은 반드시 지망하는 직무에서 필요한 능력과 역량 위주로 작성하는 것이 바람직하다.

❹ 기본에 충실하고 오타 등을 꼼꼼히 체크한다.

몇 가지 항목을 비워두는 사소한 실수나 오타는 지원자의 성격이 꼼꼼하지 않거나, 정확하지 않은 사람으로 판단될 수 있으므로 기본에 충실하도록 한다.

⑤ **간단명료하게 작성해서 읽는 사람을 배려한다.**

어디서 한번쯤은 본 듯한 구구절절한 일대기가 아닌, 내가 지원하고자 하는 직무와 관련된 콘택트 포인트를 간단명료하게 보여주어서 읽는 사람을 배려하도록 한다.

⑥ **지원한 파일은 반드시 보관한다.**

너무 많은 기업에 지원을 하다 보면, 서류전형에 통과한 다음에 이력서에 어떤 내용을 적었는지 몰라 당황하게 된다. 파일은 지원 날짜와 회사명으로 정리해서 면접 전에 출력해 꼼꼼하게 지원서의 내용을 검토하는 것이 좋다. 보통 면접 시에는 지원서의 내용을 바탕으로 질문이 이루어지기 때문이다.

📖 입사지원서 Check - List

No.	항 목	Check	
		Yes	No
1	이력서와 자기소개서의 양식에 통일성이 있는가?		
2	알아보기 쉽고 동일한 글자체를 사용했는가?		
3	지원 분야에 대해서 채용공고의 명칭과 동일하게 기입했는가?		
4	각 항목에서의 기간 표기나 명칭에 오타가 없는가?		
5	자격증과 발급기관의 표기는 공식명칭으로 되어 있는가?		
6	자격이나 경력 등에 누락된 것은 없는가?		
7	비즈니스 용어를 사용했는가?		
8	불필요한 공란이나 비워둔 곳이 없는가?		
9	종결과정에 있어 날짜가 지원기간에 포함되었는가?		

자기소개서 내용
　　　　점검하기

　　자기소개서는 특정 기업의 입사를 위해 작성하는 일정한 의도를 가진 글이다.

　　기업은 취업 희망자의 자기소개서를 통해 채용하고자 하는 인재로서의 적합 여부를 일차적으로 판별한다. 자기소개서를 통해 대인관계, 조직에 대한 적응력, 성격, 인생관 등을 알 수 있으며 성장배경과 장래성을 가늠해 볼 수 있다. 또한 자기소개서를 통해 문장 구성력, 논리성뿐 아니라 자신의 생각을 표현해내는 능력까지 알 수 있다. 따라서 구직자는 체계적으로 다른 사람이 갖고 있지 않은 자신만의 강점을 충분히 드러낼 수 있도록 노력해야 한다. 회사에서 자신을 채용해야 하는 이유를 어떻게 하면 잘 드러내고, 수많은 지원자의 자기소개서 가운데 눈에 띌 수 있을지 항목별로 정리해 보자.

1) 황금비율 1-1-2-4-2의 법칙을 기억한다

　　자기소개서에 들어가는 내용은 보통 성장과정[1], 성격[1], 학교생활[2], 지원동기[4], 입사 후 포부[2] 등이다. 각 내용은 기본적으로 1-1-2-4-2의 비중으로 작성하는 것이 좋다. 즉, 전체를 10으로 놓고 보았을 때 성장과정과 성격의 장단점이 각각 1의 비율로, 학교생활이 2, 지원동기가 4, 입사 후 포부 등이 2이다.

위에서 본 바와 같이 자기소개서에서 가장 중요한 부분은 바로 지원동기이다. '자신이 왜 이 회사에 들어가려 하는가?' 또는 '내가 왜 이 직종을 선택했는가?'에 대한 명확한 이유를 적고 그를 위해 어떤 특별한 노력을 했는지를 밝힌다. 또한 자신이 갖고 있는 경력과 능력을 바탕으로 입사 후에 어떻게 업무에 임하겠다는 내용까지 일관성 있게 기술한다.

2) 남과 색다르게 나를 차별화시켜라

자기소개란 한정된 지면 속에 자신을 표현하는 것이므로 본인의 개성과 지원 분야에 대한 전문성이 구체적으로 표현되어야 한다. 예를 들어 '프로젝트에서 제작비를 30% 줄였다.' 등으로 결과를 수치적으로 어필하는 것이 인사담당자의 눈을 끌수 있다.

3) 회사와 나의 코드를 맞추어라

자기소개서는 지원하는 회사의 성격에 따라 다르게 작성하는 것이 좋다. 아무리 잘 쓴 자기소개서라고 해도, 지원자가 어느 분야에 지원하기 위해 쓴 것인지 알 수 없다면 인사담당자의 눈에 들지 못한다. 어떤 분야, 어느 직종에 제출해도 좋을 만한 자기소개서는 인사담당자에게 신뢰감을 줄 수 없다.

이 회사가 아니면 안 된다는 명확한 이유를 제시하고, 지원한 업무를 하기 위해 어떤 준비와 공부를 했는지 기술하는 것이 성실한 인재라는 느낌을 줄 수 있다. 따라서 지망회사에 대한 정보와 자신의 희망을 근거로 설득력 있게 작성하도록 한다.

특히 취업하고자 하는 기업의 업종, 경영이념 회사문화, 성격 등을 알아서 그 기업의 특성에 맞게 지원동기를 기술하면 바람직하다. 포부는 단순히 신입사원으로서의 열정뿐 아니라 업무에 대한 목표나 성취, 혹은 자기계발을 위해 어떤 계획을 가지고 있는지 구체적으로 언급하면 효과적이다.

실전 면접 Check - List

No.	항 목	Check	
		Yes	No
1	구체적인 경험이 들어가 있는가?		
2	오탈자가 없이 바르게 작성되었는가?		
3	업무와 관련된 경험을 짐작할 수 있는 내용이 있나?		
4	명확히 지원 분야에 대한 이해를 했는가?		
5	업무와 회사에 대한 비전을 표현했는가?		
6	내용 구성에 있어서 짜맞춘 흔적이 들어가 있지 않은가?		
7	회사에 기여할 수 있는 능력에 대한 주장이 충분히 되었는가?		
8	감상에 빠진 듯 작성한 자서전적 내용은 아닌가?		
9	문장은 읽기 편안한가?		

5 실전 면접 준비와 매너

면접을 한자어로 풀어보면 '얼굴을 접한다'는 뜻을 갖고 있다. 이는 곧 얼굴을 처음 보는 자리라는 뜻이다. 보통 지원자의 기초실력은 필기시험이나 서류전형을 통해 확인할 수 있지만 그것만으로 지원자의 됨됨이를 파악할 수 없기 때문에 지원자와 면접관이 면대면으로 질의 응답을 통해 지원자의 능력, 인성, 창의력, 태도 등을 파악하고자 치러지는 것이 바로 면접이다.

실전 면접 Check - List

	항 목	Check
면접준비	지원한 이력서의 여분을 출력해서 소지했는가?	
	회사에 대한 충분한 정보를 갖고 있는가?	
	지원 직무에서 요구하는 능력과 수준을 정확히 파악했는가?	
	지원한 직무에서 활용될 수 있는 자신의 경험과 능력이 무엇인지 미리 생각해 두었는가?	
	면접 시의 예상질문을 생각해 보고, 그 대답을 미리 준비해 보았는가?	
	모의면접 동아리 활동 등 사전 연습을 충분히 했는가?	

요즘들어 면접의 비중이 확대되는 가장 큰 원인은 구직자들의 높은 스펙들이 막상 기업의 현장에서는 크게 소용이 없다는 인식이 커지고 있기 때문이다. 어학능력등이 크게 강조되었지만 이 또한 상향 평준화되면서 이제 웬만한 스펙들이 상향 평준화된지 오래이다.

이 때문에 최근에는 면접의 수준도 높아지고 그 방법도 다양화되고 있으며, 일반적으로 필기시험을 실시한 후에 최종적으로 기업의 실무담당자 또는 경영자가 지원자를 직접 만나 인성과 지식수준, 입사 후의 성장가능성 등을 평가해서 자사에 필요한 인재인지의 여부를 판단하는 최종 관문이 된다.

대기업 · 공기업 · 금융권 면접 복장 가이드

대기업 · 공기업 · 금융권 · 보수적인 중견기업
'정장 입는 것이 정석'

여자 복장 예시
검정색 · 감청색(네이비)
투피스 정장에
흰색 셔츠 혹은 블라우스

남자 복장 예시
검정색 · 감청색(네이비) 정장에
하늘색 셔츠, 버디건 색 넥타이

면접 복장으로 의례 떠올리는 '검은 정장 + 흰 셔츠' 공식은 천편일률적이라 개성이 없기도 하지만 면접에 가장 적합하다는 의견도 만만치 않아 취업준비생들은 혼란스럽다. 기업 인사담당자들 68%는 면접 복장이 채용 결과에 영향을 준다는 조사 결과도 나왔다. 직무에 따라 달라지는 면접 복장과 최근에 도입이 늘고 있는 자율복장은 어떻게 입어야 하는지 알아보자.

대기업, 공기업, 금융권, 보수적인 중견기업 등은 정장을 입는 것이 가장 안전하다. 남자의 경우 검정색 또는 감청색(네이비) 정장에 하늘색 셔츠 버건디 색 넥타이를 매면 무난하다. 여자도 검정색 또는 감청색(네이비) 투피스 정장에 흰색 셔츠나 블라우스를 선택하면 좋다.

출처: http://news.tongplus.com/site/data/html_dir/
2015/12/04/2015120402505.html

1) 면접 대기시간

대기실에서부터 면접이 시작된다. 다리를 꼬고 앉거나 팔짱을 끼는 등 흐트러진 자세를 하거나 불필요한 행동은 삼가도록 한다. 조용하게 자기 차례를 기다리며 준비한 서류를 살펴보고 예상질문에 대한 대답을 최종 정리하면서 차분하게 면접을 기다린다.

2) 입실면접장으로 들어갈 때

문을 두세 번 노크한 뒤 들어가며 입실해서는 정면에 앉은 면접관을 향해 허리를 굽혀 정중하게 인사한다. 이때 "수험번호 ○○○번 ○○○ 입니다."라고 말한다. 면접관이 앉으라고 하기 전까지는 서 있으며 앉으라고 말하면 "감사합니다."라고 밝게 웃으며 이야기한 뒤 단정하게 앉는다.

다리를 어깨 넓이로 벌리고 11자로 앉고, 팔은 주먹을 가볍게 쥐어 다리 위에 편하게 내려 놓는다. 엉덩이는 의자 안까지 깊숙이 앉고 등은 주먹이 하나 들어갈 정도로 떼서 꼿꼿이 허리를 세우도록 한다.

다리는 비스듬히 옆으로 앉고 손은 오른손이 올라가게
가지런히 공수해서 다리 위에 포개어 얹도록 한다.
등을 기대지 말고 꼿꼿이 세워 단정하게 앉는다.

3) 답변할 때

① 말하기

　자신의 생각을 논리적으로 표현한다는 것은 생각보다 어려운 일이다.
답변 시에는 시원시원하면서 자신있게 또박또박 말해야 한다. 목소리가
작거나 어미처리가 불분명하면 자신이 없어 보이므로 주의하도록 한다.

　정확한 발음을 갖고 싶으면 정확하게 입모양을 벌리는 연습을 한다.
대부분 부정확한 발음은 자신감의 부족과 입을 크게 벌리지 않는 것, 정
확한 입모양을 하지 않는 것에서 오기 때문이다.

　답변 시에는 예상질문이 나왔다 하더라도 면접관의 말을 자르고 급히
답변하는 것은 금물이다. 적어도 1~2초 정도는 생각하는 모습을 보이면
서 면접관에게 신중한 모습을 보이도록 한다. 목소리의 크기는 면접장의
크기에 맞게 조절하되, 속도에도 유의하도록 한다.

정확한 발음을 위해 볼과 입 주변의 입 근육을 풀어준다. 볼에 힘껏 바람을 불어넣은 다음에 10초간 정지하고, 다시 입을 모아서 10초 정지하며 얼굴 근육을 풀어준다.

② 표정

평소에 잘 웃지 않거나 말할 때 표정이 다양하지 않은 사람은 평상시에 웃는 것과 표정 연습을 꾸준히 한다. 특히 면접 시의 표정 변화는 지원자의 위기대처능력 등을 평가하는 중요한 요소이기 때문에 면접이 진행되는 시간 동안 미소와 자신감 있는 표정을 유지하는 것이 중요하다.

| 아 | 에 | 이 | 오 | 우 |

효과적인 발음을 위한 기본연습 '아에이오우' 입 꼬리가 귀 끝까지 가도록 정확하게 거울을 보면서 연습한다.

③ 자세

면접의 기본자세는 허리와 어깨는 곧게 펴고 걸음걸이는 자신감 있게 당당한 태도를 보이는 것이다. 어깨나 허리가 구부정하면 소극적인 인상을 주어서 패기 있는 모습을 전달하기는 힘들다. 따라서 반듯한 자세를 유지하고 걸음걸이와 앉은 자세에 유의한다.

4) 퇴장 면접장을 나설 때

면접이 끝나면 자리에서 일어나 "감사합니다."라고 인사하고 나온다. 면접장을 나온 뒤에서 건물을 벗어나기 전까지는 행동이나 말을 조심하고 옆 사람과의 대화도 조용히 나누도록 한다.

5) 면접의 유형별 특징과 전략

지피지기면 백전백승이다. 면접 전 알아야 할 상황과 면접의 유형을 정리해 보았다. 참고해서 보다 효과적으로 면접을 준비하도록 한다.

면접의 유형별 특징과 전략

면접 유형	특 징	Check
단독 면접	면접자 한 사람을 불러 한 면접관이 개별적으로 질의응답을 하는 보편적 방법	모든 부분 완벽 대비
일대다 면접	면접관 여러 명이 한 사람을 불러 놓고 질문하는 개별 면접 방식, 평가의 객관성을 유지하고 자원자의 다양한 면을 골고루 알아볼 수 있다는 장점이 있다.	자신감 갖기
집단 면접	면접관 여러 명이 수험생 여러 명을 한꺼번에 평가하는 방법, 여러 명을 동시에 비교 관찰할 수 있고, 평가에 있어서 객관성을 유지할 수 있다.	자신의 강점 찾기, 나만의 차별화 전략 찾기
토론 면접	주어진 주제를 놓고 지원자들끼리 30~40분 정도 토론하도록 한 뒤, 그 과정을 평가하는 방법이다.	경청 자세와 리더십 등 갖기
프레젠테이션 면접	직무 분야별로 자신의 전문 분야에 관련된 주제를 선정해 발표하는, 지원자의 지식과 경험을 총동원하게 하는 기술 면접 방식이다.	논리성, 표현력, 분석력 갖추기
다차원 면접	응시자와 면접관이 회사 밖에서 레저, 술자리 등을 어울리는데 그 중에 여러 각도에서 인재를 찾기는 어렵다.	자연스럽게 장점 어필하기
영어 면접	영어로 면접을 하는 회사는 업무에 영어가 반드시 필요한 곳이 대부분이다.	실무화된 영어공부

6 국가직무능력표준, NCS를 말하다

국가직무능력표준(NCS, National Competency Standards)은 산업 현장에서 직무를 수행하기 위해 요구되는 지식·기술·태도 등의 내용을 국가가 체계화한 것으로 직업기초능력과 직무수행능력으로 나누어진다. 현재 공공기관을 중심으로 NCS 채용이 이루어지고 있는데 앞으로 NCS를 활용한 채용이 늘어날 계획이기 때문에 취업을 희망하는 기업을 정했다면 이에 맞춘 전략이 필요하다.

NCS를 활용하는 경우 자기소개서를 쓰는 방법, NCS 기반 필기평가와 면접 등 기존의 취업준비와 다른 면이 상당히 있으며, 면접 또한 전통적인 면접과 달리 경험면접, 상황면접, 발표면접, 토론면접 등으로 구조화된 면접 형태를 보인다. NCS 전문가의 말에 따르면 이 때 '우리는 ~을 했다.'는 식이 아니라 '나는 무엇을 했고, 어떤 성과를 얻어냈는지.'를 중점적으로 말하는 것이 중요하다고 말한다.

1) 능력중심 채용

(1) 능력중심 채용목적

(기관) 적합한 인재(Right Person) 선발

기업·공공기관이 원하는 인재가 갖춰야 할 직무능력의 체계적 평가로 능력중심 채용 및 인사관리 등 능력중심사회 선도 역할을 담당한다.

(입사지원자) 불필요한 스펙이 아닌 적합한 능력 개발

정확한 진로목표 설정 후 준비가능하며, 지속적 자기계발로 개인 및 조직 경쟁력을 제고한다.

(사회) "스펙초월 능력중심사회 구현" 및 주요 경쟁력 강화

직무적합형 인재선발 ➡ 직무만족도 향상 ➡ 조직 몰입도 향상 및 성과창출 ➡ 개인 및 조직역량 강화 ➡ 국가경쟁력 강화의 선순환 고리를 마련한다.

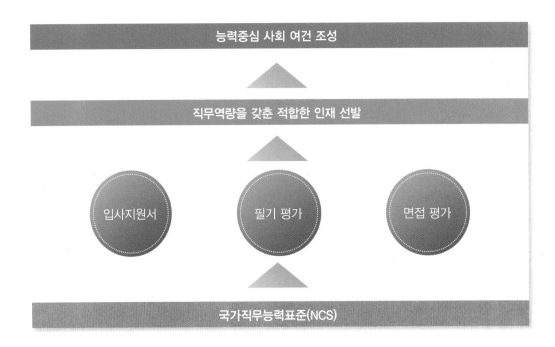

(2) 능력중심 채용정의

❶ NCS 기반 능력중심채용이란?

• 채용대상 직무를 NCS*기반으로 분석하고, 그 결과를 바탕으로 해당 직무의 상세내용 및 직무능력** 평가기준을 정하여 사전에 명확하게 공지하며, 해당 평가기준을 토대로 인재를 선발하는 채용 방식을 의미한다.

*NCS(National Competency Standards) 산업현장에서 직무를 수행하기 위해 요구되는 능력(지식·기술·태도)을 국가가 산업부문별 수준별로 체계화 및 표준화 한 것

 — NCS 관련정보제공 : NCS통합포털사이트 (www.ncs.go.kr)

  능력중심채용사이트 (onspec.ncs.go.kr)

** 직무능력 직업인으로서 기본적으로 갖추어야 할 공통역량인 '직업기초능력' 해당 직무를 수행하는데 필요한 역량(지식·기술·태도)인 '직무수행능력' 등으로 구성

② NCS 기반 능력중심채용 절차

• NCS 기반 능력중심채용 기본 전형

면접 평가	NCS 기반 서류전형	NCS 기반 필기전형	NCS 기반 면접전형

기관의 특성 : 채용관행 등에 따라 세부내용이 상이하게 운영될 수 있음

• 기존채용과의 차이점

	기존 채용	능력중심 채용
채용공고	• 행정직 00명, 기술직 00명 등 단순 기초정보 제공	• 채용 분야별 필요한 직무명세(NCS 기반) 채용전형 사전 공개 (모집 직무별 '직무 설명자료' 첨부)
서류전형	• 직무와 무관한 인적사항 (가족사항, 학력, 본적, 취미·특기 등) • 직무와 무관한 스펙(해외봉사, 토익 등) • 자전적 자기소개서	• 직무와 무관한 인적사항은 최소화 • 직무관련 스펙 (직무관련 교육·자격·경험 및 경력 등) • 직무관련·경험 중심 자기 소개서
필기전형	• 인성·적성 평가 단순지식 측정 필기시험 등	• 직무능력 측정 중심의 필기평가 (직무관련 상황 및 문항 설정)
면접전형	• 비구조화 면접 (취미, 성장배경 등 직무무관한 일상적 질문)	• 직무능력 평가 중심의 구조화된 면접 (직무관련 질문 및 유형으로 구성)

• 능력중심채용 준비방향

1단계	2단계	3단계	4단계
직업심리검사 · 진로검사 등을 통한 목표직무 설정	교육 · 자격 · 경험 등 필요 스펙 준비	채용공고의 '직무 설명자료' 확인	채용 전형 및 평가기준을 참고하여 준비

③ **취업준비생을 위한 NCS 기반 능력중심채용 준비방향**

STEP 01
채용공고문 확인하기

채용모집 공고문을 통해 모집분야, 채용인원, 지원자격, 근무조건, 전형일정, 우대사항 등을 확인하고, 채용 분야에 대한 '직무 설명자료'를 통해 필요한 지식 · 기술 · 태도(KSA) 등의 내용을 명확하게 파악한다.

STEP 02
NCS 기반 서류전형 준비

공고된 '직무 설명자료'를 기반으로 모집 직무별로 요구되는 내용을 기입한다. 지원자의 교육이수내용, 자격사항, 경험 및 경력 사항 등을 해당 직무에서 요구하는 능력 매치시켜서 강조하면 도움이 될 것이다.

STEP 03
NCS 기반 필기전형 준비

채용공고에 제시된 필기과목을 파악하여 해당 유형을 준비하고, '직무 설명자료'에 제시된 직업기초능력과 직무수행능력 등을 면밀히 학습한다.
능력중심채용 사이트에 공개된 직업 기초능력 샘플문항 · 학습자용 교재 등을 활용하면 도움이 될 것이다.

STEP 04
NCS 기반 면접전형 준비

NCS 기반 구조화된 면접의 주요 유형은 경험면접 · 상황면접 · PTP면접 · 토론면접 등이므로 이러한 유형에 대한 사전 준비가 되어 있으면 좋고, 채용공고에서 구체적인 면접방법이 제시되면 그에 대한 명확한 준비를 진행한다.
'직무 설명자료'에 제시된 직업기초능력과 직무수행능력을 면밀히 학습하고, 능력중심 채용 사이트에 공개되면 면접 기출문항을 참고하여 준비하면 도움이 될 수 있다.

1. 취업을 준비하면서 가장 염두에 둘 것은 무엇인가?

2. 성공취업을 위한 자기분석 3단계는 자신의 삶을 어떻게 구분하는
     것인가?

3. 자신이 과거를 정리해서 입사하고자 하는 기업에 자신이 가장 적합한
     인재라는 것을 알리는 서류는 무엇인가?

4. 특정 기업의 입사를 위해 작성하는 일정한 의도를 가진 글은
     무엇인가?

5. 다음은 취업준비 단계에서 어떤 항목에 해당하는가?

지원 회사의 정보 보유, 지원회사에 대한 여분의 이력서 소지, 직무에서 요구하는
능력과 수준 파악하기, 직무에서 활용가능한 자신의 능력과 경험치 파악, 예상질문
구상과 답변 연습 등 준비하는 것을 말한다.

MEMO

MEMO

참고문헌

금한나, 이미지와 국제매너, 한올출판사, 2001.

김기인, 직장생활과 예절, 형설출판사, 2004

김영준 외, 글로벌 비즈니스 에티켓, 새로미, 2008.

김용무 외, 전략적 비즈니스 이메일, 팜파스, 2009.

나태영 외, 관광서비스 매너, 한올출판사, 2013.

손일락 외, 비즈니스 매너의 이해, 한올출판사, 2012.

송유정 외, 이미지메이킹, 예림출판사, 2007.

심윤정 외, 고객서비스 실무, 한올출판사, 2013.

엄경아 외, 직장예절과 직무관리, 백산출판사, 2012.

오성환, 직장예절, 형설출판사, 2008.

오흥철 외, 글로벌 매너 완전정복, 학현사, 2005.

윤광희, 만점 면접 노하우, 물푸레, 2004

이기홍 외, 글로벌 문화와 매너, 한올출판사, 2011.

이병숙, 차별화된 면접 경쟁력을 키워라, 팜파스, 2006.

정세환, 비즈니스 매너, 팜파스, 2009.

정연아, 나만의 이미지가 성공을 부른다, 느낌이 있는 나무, 1999.

정연아, 성공하는 사람에게는 표정이 있다, 명진출판사, 1997.

한명숙 외, 자기이미지 커뮤니케이션, 교문사, 2005.

성공적인 취업과 직장예절의 열쇠

비즈니스 매너와 글로벌 에티켓

2013년 8월 20일 초판1쇄 발행
2017년 2월 25일 3판 1쇄 발행
2020년 2월 20일 3판 2쇄 발행
2021년 2월 10일 3판 3쇄 발행
2023년 2월 10일 3판 4쇄 발행

저 자   오정주·권인아
펴낸이   임순재

주식회사 한올출판사
등록 제11-403호
주소   (121-849) 서울시 마포구 모래내로 83 (한올빌딩 3층)
전화   (02) 376-4298 (대표)
FAX   (02) 302-8073
홈페이지 www.hanol.co.kr
e-mail   hanol@hanol.co.kr